JEJUAR

Coleção VIVER MELHOR

- Amadurecimento espiritual e humano na vida religiosa – Anselm Grün e Christiane Sartorius
- Bem-aventuranças: caminho para uma vida feliz – Anselm Grün
- Jejuar: corpo e alma em oração – Anselm Grün
- Não esqueça o melhor: inspirações para cada dia do ano – Anselm Grün
- No ritmo dos monges – Anselm Grün
- Sobre o prazer na vida – Anselm Grün

Anselm Grün

JEJUAR

Corpo e alma em oração

Dados Internacionais de Catalogação na Publicação (CIP)
(Câmara Brasileira do Livro, SP, Brasil)

Grün, Anselm
　　Jejuar : corpo e alma em oração / Anselm Grün ; [tradução Monika Ottermann]. – 4. ed. – São Paulo : Paulinas, 2013. – (Coleção viver melhor)

Título original: Fasten.
ISBN 978-85-356-3487-7

1. Jejum　2. Oração　3. Vida cristã　I. Título.　II. Série.

13-02889　　　　　　　　　　　　　　　　　　　　CDD-248.47

Índice para catálogo sistemático:
1. Jejum : Prática religiosa : Cristianismo　　248.47

4ª edição – 2013
5ª reimpressão – 2023

Título original da obra: *Fasten*
© Vier-Türme GmbH, Verlag, D-97359 Münsterschwarzach Abtei

Citações bíblicas: *Bíblia Sagrada*. Tradução da CNBB. 2. ed. 2002

Direção-geral: *Flávia Reginatto*
Editora responsável: *Luzia M. de Oliveira Sena*
Assistente de edição: *Andréia Schweitzer*
Tradução: *Monika Ottermann*
Copidesque: *Anoar Jarbas Provenzi*
Coordenação de revisão: *Marina Mendonça*
Revisão: *Jaci Dantas*
Direção de arte: *Irma Cipriani*
Gerente de produção: *Felício Calegaro Neto*
Editoração eletrônica: *Manuel Rebelato Miramontes*

Nenhuma parte desta obra poderá ser reproduzida ou transmitida por qualquer forma e/ou quaisquer meios (eletrônico ou mecânico, incluindo fotocópia e gravação) ou arquivada em qualquer sistema ou banco de dados sem permissão escrita da Editora. Direitos reservados.

Paulinas
Rua Dona Inácia Uchoa, 62
04110-020 – São Paulo – SP (Brasil)
Tel.: (11) 2125-3500
http://www.paulinas.com.br – editora@paulinas.com.br
Telemarketing e SAC: 0800-7010081

© Pia Sociedade Filhas de São Paulo – São Paulo, 2009

Sumário

Introdução 7

Capítulo 1 – A prática do jejum
               na Igreja antiga 11

Capítulo 2 – Jejuar: um remédio
               para corpo e alma........................... 19

Capítulo 3 – Jejuar: uma luta
               contra paixões e vícios 33

Capítulo 4 – Jejuar e orar 53

Capítulo 5 – Jejuar: um caminho
               para a iluminação............................73

Capítulo 6 – Jejuar hoje..87

Capítulo 7 – Proposta para uma
               semana de jejum 109

Conclusão 123

Introdução

Sempre que a Igreja se esquece de suas próprias tradições, outros movimentos as adotam. Isso aconteceu também com o jejum. Desde seu nascimento, a Igreja conhece o exercício de jejuar. Já nos primeiros séculos estabeleceu regras para o jejum. Mas, na Modernidade, essas regras foram cada vez mais reduzidas, até que se tornassem quase sem sentido. Nessa situação, a medicina descobriu de novo o jejum terapêutico. Principalmente o médico Dr. Buchinger[1] reconheceu o efeito terapêutico do jejum no caso de muitas doenças, especialmente as reumáticas. Hoje em dia existem muitas clínicas que organizam com grande sucesso tratamentos baseados no jejum. Muitas dessas clínicas procuram também aprofundar o jejum meramente corporal ao combiná-lo com pensamentos e caminhos espirituais. Quem se abre para o jejum sente que se trata não somente de desintoxicação mas também de uma nova postura de vida, de uma nova atitude diante da comida e da bebida, bem como diante do trabalho e dos costumes cotidianos.

---

[1] Cf. BUCHINGER, O. *Das Heilfasten*. Stuttgart, 1960.

Há quase vinte anos, várias casas de encontro e paróquias oferecem semanas de jejum. Nesse âmbito entende-se o jejuar *a priori* como caminho de purificação e liberdade interior e como intensificação do caminho espiritual. É muito positivo que a Igreja tenha começado a redescobrir suas próprias tradições. Ao longo de décadas, ela preservou essa tradição apenas de forma exterior, esquecendo-se cada vez mais do sentido do jejum. Isso se deve provavelmente a duas razões.

Uma razão é o dualismo entre corpo e alma.[2] Separaram-se corpo e alma, e jejuar tornou-se uma atitude exclusivamente espiritual. Ressaltou-se o espírito do jejum e entendeu-se por ele a liberdade interior em relação às coisas deste mundo, a conversão espiritual e a renovação. Tratou-se o jejum meramente corporal quase com desprezo e não se percebeu que, juntamente com o jejum corporal, desapareceu também o espírito do jejum, e que a espiritualização do jejuar tinha até conduzido a uma nova materialização. O jejum foi cooptado e apropriado por interesses econômicos e transformou-se em cifras cons-

---

[2] Cf. RÉGAMEY, P. R. (org.). *Wiederentdeckung des Fastens*. Wien, 1963. pp. 119ss. Tomei emprestadas desse livro muitas sugestões e dicas.

tantemente crescentes de doações a obras eclesiais de caridade.

A outra razão é o legalismo. Antes do Concílio Vaticano II, a Igreja contentou-se com uma série de mandamentos acerca do jejum, sem explicar o sentido e a meta do jejuar. A abundância dos mandamentos provocou uma igual abundância de exceções e dispensas. Não obstante, a compreensão do valor do jejum acabou se perdendo.

As experiências que a Igreja primitiva acumulou em relação ao jejum visam ajudar na nova compreensão do jejum como expressão de nossa fé e como uma maneira de rezar, como oração de corpo e alma. Os textos dos Padres da Igreja e de autores monásticos querem nos convidar para uma prática de jejum exatamente no âmbito da Igreja, do qual, nos últimos anos, essa prática emigrou cada vez mais. Os pensamentos dos Padres da Igreja e dos antigos monges pretendem mostrar que a Igreja tem como contribuir decisivamente para uma compreensão aprofundada e para uma prática saudável do jejuar.

Capítulo 1

A prática do jejum
na Igreja antiga

A Igreja não inventou o jejum. Ela apenas adotou e desenvolveu a prática do judaísmo e os conceitos sobre o jejum presentes no mundo greco-romano. O judaísmo conhecia somente um único dia de jejum que era obrigatório para todas as pessoas: o Dia da Reconciliação (Expiação). No entanto, era considerado um sinal de piedade jejuar duas vezes por semana, na segunda-feira e na quinta-feira. Esse é também o costume do fariseu no Evangelho (cf. Lc 18,12). Em intenções especiais ou em tempos de calamidade, proclamavam-se dias públicos de jejum, para suplicar a ajuda de Deus. Os judeus compreenderam o jejum como uma súplica encarecida dirigida a Deus, como sinal de que sua oração era séria, mas o compreenderam também como expiação e reparação. No jejum, eles reconhecem-se como pecadores perante Deus e pedem perdão e ajuda. Para os judeus, esses dois aspectos caminham juntos, já que, para eles, uma calamidade é sempre um sinal de sua desobediência a Deus. Ao jejuar, pretendem voltar a Deus.

A Igreja primitiva adotou o exercício de jejuar duas vezes por semana. Mas ela se distanciou deliberadamente do judaísmo, ao declarar como dias de jejum a quarta-feira e a sexta-feira, em memória da prisão e crucificação de Jesus. No Oriente e na Espanha jejuava-se também às segundas-feiras; no Ocidente, com frequência também aos sábados, como preparação para o domingo, o dia do Senhor. Ao lado do jejum em dias da semana, menos severo, surgiu muito cedo o jejum em preparação para a Páscoa, que se estendeu no início provavelmente apenas entre um a três dias, mas depois por toda a Semana Santa e, finalmente, a partir do fim do século III, ao longo de quarenta dias. Enquanto se exigia, nos dois dias anteriores à Páscoa, uma abstinência total de alimentos, o jejum das quartas-feiras e sextas-feiras e durante a Quaresma durava até a nona hora (15h) ou, como prescreve São Bento em sua *Regra*, até a noite. Os monges adaptaram para si a prática do jejum observada na Igreja. Muitos comiam apenas a cada dois dias, outros jejuavam, especialmente durante a Quaresma, por cinco dias e comiam somente aos sábados e domingos. Além disso, impunham-se também restrições na seleção dos alimentos. Renunciavam a carne, ovos, leite e queijo, e abstinham-se do vinho. Seus alimentos habituais durante o jejum eram pão, sal e água e, além disso, legumes, ervas, frutas silvestres secas, bem como tâmaras e figos. "Nesse regime, os heróis da ascese monástica preferiam verduras e ervas cruas às cozidas. Um prato de verdura cozida já tinha o caráter de uma refeição festiva."[1]

A Igreja proibia o consumo de carne e vinho durante a Quaresma. No entanto, havia em seu âmbito algumas correntes que exigiam uma abstinência geral de vinho e carne, por exemplo, os maniqueístas, os apotactitas e os montanistas. Esses grupos aduziam não motivos de saúde mas sim motivos dualistas: para eles, carne e vinho eram fundamentalmente maus. A Igreja defendeu-se contra tais tendências dualistas insistindo em afirmar que Deus criou todos os animais e plantas e os destinou ao consumo do ser humano e que, por isso, tudo era bom. A Igreja resistia a uma ideologização do jejum e das leis dietéticas e lutava pela liberdade interior que Cristo nos trouxe em relação à Lei e a qualquer legalismo.

---

[1] ARBESMANN, R. Fasten. In: *Reallexikon für Antike und Christentum*. Stuttgart, 1969. v. 7, p. 498. Ver ali também o que segue.

O enfrentamento da prática do jejum presente no judaísmo e em algumas correntes do mundo grego pode ser percebido também no Novo Testamento. O Sermão da Montanha pressupõe que os cristãos jejuem. Mas eles devem se distinguir nisso dos fariseus que desfiguram seu semblante para que as pessoas vejam que estão jejuando. Os discípulos devem jejuar às escondidas, não diante das pessoas, e sim diante do Pai, e devem fazê-lo com rosto alegre (cf. Mt 6,16-18). Narra-se, sobre o próprio Jesus, que ele teria jejuado por quarenta dias no deserto. Mas, diante dos fariseus, ele não dá a impressão de ser um jejuador. Muito ao contrário, ele come e bebe junto com as pessoas e compartilha a alegria delas, ao ponto de ser até chamado de beberrão e comilão (cf. Lc 7,34). Também seus discípulos precisam enfrentar a pergunta acusadora sobre por que não jejuam, como o fazem os fariseus e os discípulos de João. E Jesus oferece como resposta: "Será que os amigos do noivo podem fazer luto enquanto o noivo está entre eles? Mas virá o dia em que o noivo lhes será tirado, e nesse dia, sim, eles jejuarão" (cf. Mt 9,15s). Aparentemente, para Jesus, o jejum é um sinal de tristeza e luto. E a tristeza não pode ter lugar na vida de seus discípulos, visto que chegou o tempo da salvação e, com ele, a felicidade. Agora é necessário abrir-se para as dádivas de Deus. Nesse ponto percebemos os conflitos entre a Igreja primitiva e as práticas judaicas. Por um lado, com a vinda de Jesus como Messias, o jejum é superado; por outro, essa vinda ainda não é definitiva. O pecado e a morte continuam existindo. E somente quando forem aniquilados definitivamente, também o jejum perderá seu sentido. Agora, no entanto, os discípulos jejuam porque estão esperando a vinda do Senhor. Desse modo, seu jejum adquire um sentido novo. Já não se trata de uma expressão de luto, tristeza e penitência, mas sim de um jejum à espera do Senhor que está por vir. Esse jejum possui um significado escatológico. Ao jejuar, os cristãos confessam que a salvação ainda não chegou a ponto de que eles estejam inteiramente impregnados dela. Por meio do jejum, procuram se aproximar dessa salvação, para se sentirem cada vez mais repletos daquela felicidade que a vinda de Cristo significa para eles: a felicidade do noivo que celebra suas bodas com eles.

O livro de Atos dos Apóstolos narra-nos que a comunidade jejuou antes de enviar Paulo e Barnabé para sua missão. O jejum era uma preparação para a imposição das mãos e para a instalação no ministério da proclamação do Evangelho (cf. At 13,1-3). A *Didaqué*, o primeiro texto cristão não acolhido no cânon das Sagradas Escrituras, exige o jejum como uma preparação para o Batismo:

> Antes do Batismo, tanto a pessoa que batiza como a pessoa que será batizada, bem como outras pessoas que puderem, devem observar o jejum. Ordene-se pelo menos ao batizando que jejue um dia ou dois.[2]

Ao jejuar, a pessoa sintoniza-se com Deus e prepara-se para aquilo que ele pretende operar nela por meio do Batismo. Para a Igreja primitiva, jejuar não era um assunto privado, mas estava relacionado com a liturgia e geralmente era praticado em comunidade. Os dias do jejum comunitário eram chamados de "estações". Em seu sentido mais básico, *statio* significa "posto de guarda".[3] Para os cristãos, os dias de jejum eram dias em que viviam voltados para Deus com mais vigilância do que em outros; dias em que eles, ao término do jejum, congregavam-se para a oração comunitária ou para a Eucaristia. O jejum unia os cristãos para formarem uma comunidade.

---

[2] *Didaqué* 7,4; citado em RÉGAMEY, *Wiederentdeckung des Fastens*, p. 37.

[3] Cf. RÉGAMEY, *Wiederentdeckung des Fastens*, p. 39.

Não se tratava de uma obra ascética privada, mas sim de uma forma de rezar e vigiar em comunidade.

Os cristãos da Igreja primitiva não jejuavam porque se consideravam convidados para isso por alguma palavra especial de Jesus. Pelo contrário, com relação ao jejum, Jesus se mostra antes crítico. Os cristãos jejuavam porque, no ambiente no qual se encontravam, isso era considerado o sinal de uma vida piedosa e agradável a Deus. Os cristãos viam no jejum pré-estabelecido um exercício de devoção e o incluíram entre suas práticas de fé. Ao fazer isso, a maioria deles compartilhava as ideias contemporâneas sobre o jejum, como, por exemplo, os conceitos das escolas filosóficas gregas, da medicina popular e dos diferentes cultos mistéricos. Quando procuramos explicitar aqui a compreensão cristã do jejum, não há como indicar algum elemento especificamente cristão que se diferencie nitidamente dos elementos pagãos. No entanto, isso também não tem nenhuma importância especial. Com sua prática, os cristãos se unem às experiências que as pessoas anteriores e contemporâneas fizeram com o jejum. E, ao que parece, essas experiências eram tão boas que permitiram a formação de uma prática correspondente na Igreja primitiva.

Jejuar: um remédio para corpo e alma

Uma primeira expectativa em relação ao jejum era seu efeito terapêutico sobre o corpo e a mente. Antes de mais nada, o jejum deveria proteger o ser humano contra influências malignas. O motivo desse conceito reside na compreensão que os povos primitivos tinham da ingestão de alimentos. Tinham medo de que poderiam ingerir, junto com os alimentos, forças do mal. Na Antiguidade atribuía-se a determinados alimentos uma especial influência maligna. Por exemplo, os pitagóricos acreditavam que, ao comer a carne de um animal abatido, ingeria-se também sua alma. Por isso, proibiam o consumo da carne. Outras vertentes percebiam o mal somente em alguns animais específicos. Por exemplo, os magos acreditavam que na carne de cabra habitava um demônio portador de doenças e que provocava epilepsia. E proibiam a carne suína, achando que provocava doenças de pele e o aumento do desejo sexual.[1] No entanto, o

---

[1] Cf. ARBESMANN, R. *Das Fasten bei den Griechen und Römern*. Giessen, 1929. pp. 42s.

mal podia habitar também em plantas. Dessa maneira, os pitagóricos proibiam o consumo de feijão, visto que ali habitavam as almas das pessoas falecidas que provocavam nos vivos sonhos agitados e atormentadores. Por isso, um dos motivos para muitos regulamentos sobre o jejum é a proteção contra influências malignas. Para não ficar doente, a pessoa precisa se abster do consumo daqueles alimentos que possam ser portadores de doenças. Para não ficar dominado pelo mal, é preciso evitar aqueles alimentos que estão infectados.

Outro argumento da Antiguidade em favor do jejum era seu efeito fortalecedor. Esse conceito encontra-se sobretudo na medicina popular, mas também nos rituais mágicos de diferentes grupos religiosos. Esperava-se a cura por meio do jejum principalmente no caso de doenças inflamatórias, do reumatismo e do catarro. O jejum era considerado também um antídoto contra pesadelos. Tanto a medicina popular como os rituais mágicos esperavam um efeito maior dos medicamentos e das poções mágicas quando se jejuava durante algum tempo antes de tomá-los. E o jejum aumentava também a força do feiticeiro. Em numerosas lendas afirma-se uma relação entre as obras milagrosas de feiticeiros famosos e sua vida de abstinência.[2]

No entanto, as escolas filosóficas gregas esperavam do jejum não somente a proteção contra doenças e influências malignas, como também a purificação da mente e do espírito, a felicidade interior, a liberdade e a alegria. Relacionavam-no com sua meta de vida. A meta dos cínicos, por exemplo, era a autossuficiência (*egkrateia*), a faculdade de renunciar a todas as necessidades que não fossem indispensáveis para a existência. Para eles, o jejum era o caminho para alcançar essa meta. Para os estóicos, a meta final era a *eudaimonia*, a felicidade que consiste na liberdade interior, em uma vida conforme a razão que não estivesse perturbada pelas emoções, nem por motivações irracionais. Também no estoicismo, a ascese alimentar ocupa um espaço importante. Representa os exercícios para alcançar a liberdade interior, uma vida conforme a razão para alcançar a "superação de todas as afeições que são um obstáculo para uma conduta racional".[3] Igualmente, o "ideal epicurista do imperturbado sossego pessoal da alma" postula

---

[2] Cf. ibid., p. 54 e ARBESMANN, *Fasten*, pp. 457s.
[3] ARBESMANN, *Fasten*, p. 466.

um modo de vida frugal. Portanto, o interesse das antigas escolas filosóficas era sempre o ser humano integral, a possibilidade de alcançar sua meta definitiva. No caminho rumo a essa meta, o jejum é um meio importante e comprovado. Cura o ser humano em seu corpo e alma, pode conduzi-lo para a liberdade interior e é um caminho para a autorrealização, para a felicidade.

As grandes religiões, como o hinduísmo, o budismo e o taoísmo, conhecem motivos semelhantes para jejuar. Na China existe a proibição de comer durante a noite, para não se correr o perigo de se tornar vítima do mal. O islã desenvolveu sua própria tradição do jejum, na forma de um mês específico para tal, o Ramadã. Para o islã, o jejum é um remédio que cura a frivolidade, receitado pelo próprio Deus. De modo semelhante como Maomé e Jesus, também Buda se preparou para sua missão por meio do jejum. Em todas as religiões, o jejum é um caminho para purificar-se interiormente e para abrir-se diante de Deus e da força divina.

Conforme a tradição das antigas escolas filosóficas, também os Padres da Igreja ressaltam em seus escritos os efeitos positivos que o jejum tem sobre o corpo e a alma. Certa vez, João Crisóstomo menciona em uma de suas homilias o remédio do jejum, idealizado por "nosso soberano que ama a humanidade como um Pai amoroso".[4] Sendo que o ser humano, por natureza, gosta de entregar-se ao prazer e transgride seus limites, deve jejuar sempre para se tornar interiormente livre das coisas deste mundo e para poder se dedicar com mais força às coisas espirituais.

Cassiano opina que o excesso de alimentos embrutece o coração e, "quando o espírito engorda, por assim dizer, juntamente com o corpo, incendeia a potência explosiva prejudicial do pecado".[5] Aparentemente, para os antigos monges existia uma relação estreita entre o corpo e a alma. Quando o corpo engorda, também a alma engorda e se embrutece. O excesso de alimentos diminui a vigilância espiritual dos seres humanos. A saúde do corpo e a saúde da alma constituem uma unidade. Esse conhecimento divulgado pela psicologia moderna encontra-se con-

---

[4] João Crisóstomo, *Homilias sobre Gênesis 10*, citado em: Heilmann, A. (org.). *Texte der Kirchenväter*. München, 1964. v. 3, p. 281.
[5] João Cassiano, *Von der Einrichtung der Klöster*, V,5. München, 1879. p. 100.

tinuamente nos escritos dos antigos monges e Padres da Igreja. Por exemplo, escreve Atanásio:

> Eis o que realiza o jejum! Cura as doenças, desseca os fluidos excedentes do corpo, expulsa os demônios, rechaça os maus pensamentos, concede lucidez maior à mente, purifica o coração, santifica o corpo e, finalmente, conduz o ser humano para diante do trono de Deus [...]. O jejum é uma força poderosa e alcança grandes sucessos.[6]

Aqui, a cura de doenças parece estar ligada ao dessecamento dos fluidos corporais excedentes. Aquilo que, à primeira vista, pode parecer como medicina popular primitiva, revela-nos seu verdadeiro significado somente quando comparado com os conhecimentos médicos atuais acerca do jejum terapêutico. O médico Dr. Buchinger escreve que descobriu na Alemanha, depois da Primeira Guerra Mundial, os efeitos terapêuticos do jejum e que o aplicou com grande sucesso em numerosos tratamentos e terapias:

> O jejum terapêutico é, substancialmente, uma terapia secretora, um tratamento purificador que atinge todos os tecidos e fluidos corporais. Todos

---

[6] Citado em RÉGAMEY, *Wiederentdeckung des Fastens*, p. 60.

eles! A antiga afirmação galicana é literalmente certa: *Abstinentia totum corpus aequaliter purgat*.[7]

Ele explica os processos corporais experimentados ao jejuar como segue:

> As reservas de glicoses existentes no fígado e outras substâncias que circulam e que estão disponíveis na circulação sanguínea são primeiro descompostas e, depois, o corpo se alimenta delas provisoriamente durante cerca de três dias. Todos os processos metabólicos são ajustados para um máximo de economia. Então acontece a "autarquia", o girar em torno de si mesmo, com grande economia. O corpo é confrontado com a necessidade de precisar alimentar-se de quaisquer depósitos de proteínas, para manter seu equilíbrio de nitrogênio. Com base em ricas experiências podemos supor que, para esse fim, destroem-se e descompõem-se, em primeiro lugar, estruturas e substâncias que desempenham um papel perturbador e doentio no estado das células, como, por exemplo, exsudação patológica, camadas velhas de gorduras, sedimentos, agentes estranhos, substâncias purulentas e fracas, substâncias que, de algum forma, são prejudiciais etc.[8]

---

[7] BUCHINGER, *Das Heilfasten*; cf. também DAHLKE, R. *Bewußt fasten*. München, 1983.
[8] Ibid., p. 13.

Portanto, graças ao jejum eliminam-se substâncias nocivas e desintoxica-se o corpo que, dessa maneira, é liberto de numerosas doenças. O jejum desintegra as células envelhecidas e estimula, desse modo, a criação de novas células. "Isso nos explica por que o jejum tem um efeito tão prodigiosamente regenerativo sobre o corpo."[9] O efeito mais perceptível de uma terapia de jejum manifesta-se no combate a doenças como o reumatismo, a artrite, a arteriosclerose e doenças da pele. Como já vimos, esses conhecimentos da medicina moderna acerca do jejum terapêutico já estavam presentes na medicina popular da Antiguidade.

Contudo, Atanásio não se detém nos simples efeitos corporais do jejum. O jejum expulsa demônios, espanta maus pensamentos e confere lucidez à mente e ao espírito. O jejum purifica o corpo e a alma. Aqui percebemos que Atanásio pensa no ser humano com grande realismo, compreendendo-o como uma unidade de corpo e alma. Para ele, a lucidez da mente e a saúde do corpo estão estreitamente interligadas. Quando eu me preocupo em ter um corpo sadio,

---

[9] ZABEL, W. *Das Fasten; seine Technik und Indikation sowie Beiträge zu seiner Physiologie*. Stuttgart, 1950. p. 55.

preciso me preocupar em ter pensamentos bons. E, vice-versa: não posso esperar que minha mente esteja lúcida quando vivo empanturrando meu corpo de comida. Atanásio diz que o jejum santifica o corpo. Por meio do jejum, o corpo se torna o templo do Espírito Santo. Torna-se transparente para o Espírito de Deus. O ser humano pertence ao Senhor, não somente a alma mas também o corpo. Não *temos* simplesmente um corpo, mas *somos* o nosso corpo. E quando queremos nos abrir a Deus, devemos começar pelo nosso corpo. Quando queremos pertencer a Deus, isso deve se manifestar também em nosso corpo. O jejum "purifica o corpo e, finalmente, conduz o ser humano para diante do trono de Deus". Leva-nos diante da presença de Deus. Mantém aberta a ferida que nos impulsiona em direção a Deus, para que não procuremos precipitadamente a satisfação de nossos anseios em outros lugares, nas pessoas ou nas belezas deste mundo. O jejum nos preserva de cobrir nossa ferida precipitadamente, de entupi-la com satisfações substitutas. Faz-nos experimentar corporalmente nosso destino mais profundo: que estamos no caminho em direção a Deus, e que somente Deus é capaz de acalmar nossa inquietude mais profunda.

Em suas homilias, Basílio Magno ressalta constantemente os efeitos terapêuticos que o jejum tem sobre o corpo e a alma. Lembra que os médicos prescrevem o jejum aos doentes e que um corpo que se contenta com uma dieta frugal e leve escapa das doenças com maior facilidade do que um corpo que se empanturra de manjares deliciosos que já não consegue digerir. E depois ele explicita que o jejum é também um remédio eficaz contra o pecado. Deveríamos estar felizes de poder contar com esse remédio contra o pecado e, por isso, jejuar de rosto alegre, em vez de procurar impressionar os outros com uma aparência de sermos ascetas heróicos, pois, desse modo, o jejum não nos adianta nada.

> Dessa maneira, a maioria dos seres humanos atua, também nesta vida, o tempo todo como se fossem atores em cima de um palco, tendo em seus corações sentimentos que são muito diferentes daqueles que mostram em público. Portanto, não desfigures teu rosto! Mostra-te assim como és! Não te mostres lúgubre nem rabugento para adquirir a reputação de ser um asceta! A boa obra anunciada ao som de trombetas não traz proveito, e o jejum exibido publicamente não traz recompensa. As obras realizadas para gabar-se não trazem fruto para a

vida futura, elas se acabam nos elogios humanos. Por isso, aproxima-te jubiloso ao dom do jejum![10]

Em outra homilia, ele exalta o jejum porque cria a paz:

> Pois se todos os povos aceitassem o conselho do jejum para regular seus assuntos, nada mais impediria que no mundo governasse a paz mais absoluta; os povos não voltariam a se levantar uns contra os outros, e nem os exércitos se despedaçariam mutuamente. Não haveria salteadores à espreita em estradas solitárias; não haveria mais denúncias injustas nas cidades, nem piratas nos mares. Toda a nossa vida não estaria mais tão repleta de lamentações e suspiros, se ela fosse regida pelo jejum. O jejum ensinaria a todos o abandono do amor ao dinheiro, às coisas supérfluas e, de modo geral, à propensão a hostilidades.[11]

A ideia de que o jejum é capaz de criar a paz pode ser encontrada com frequência entre os Padres da Igreja. Por exemplo, Pedro Crisólogo disse certa vez: "O jejum é a paz do corpo."[12]

---

[10] Basílio, *Primeira homilia sobre o jejum*, citado em: Heilmann, *Texte der Kirchenväter*, pp. 285ss.

[11] Id., *Segunda homilia sobre o jejum*, citado em: Régamey, *Wiederentdekkung des Fastens*, p. 93.

[12] Pedro Crisólogo, *Sermo 8*, citado em: Régamey, *Wiederentdeckung des Fastens*, p. 76.

João Clímaco atribui ao jejum efeitos semelhantes: "Detém a torrente do discurso, acalma a inquietude, protege a obediência, ameniza o sono, cura os corpos, satisfaz a alma".[13]

A discórdia nasce da ausência de medida, da dominação pelas paixões e pelos instintos. O jejum submete o ser humano à disciplina, liberta-o do domínio de suas paixões e, assim, proporciona-lhe a paz interior. Essa paz, porém, não é algo meramente espiritual. É também uma paz do corpo, como diz Pedro Crisólogo. O corpo assossega; por um lado, porque não pesa sobre ele o lastro de uma digestão excessiva e, por outro, porque controla seus instintos. Desse modo, nos Padres da Igreja evidencia-se continuamente uma compreensão do jejum que pressupõe a unidade entre corpo e alma. Eles nunca se preocupam simplesmente com a saúde do corpo, tampouco simplesmente com a cura do espírito. Antes, preocupam-se com o ser humano em sua integralidade. Se o ser humano viver de maneira adequada, se escutar de maneira correta seu corpo e seu espírito, então viverá também de maneira sadia. Por isso, para os Padres

---

[13] Citado em RÉGAMEY, *Wiederentdeckung des Fastens*, p. 60.

da Igreja, o jejum jamais é uma simples disciplina exterior, uma obra que podemos apresentar a Deus, e sim um exercício que visa conduzir todo o ser humano a um estado adequado. O jejum corporal tem que estar acompanhado de um jejum espiritual, ou melhor: o jejum corporal bem compreendido é sempre, ao mesmo tempo, um jejum espiritual. Pois, nessa maneira de jejuar, o ser humano luta não somente com seu corpo mas também com suas paixões e seus pensamentos.

Jejuar: uma luta contra
paixões e vícios

A compreensão do jejum como luta contra os vícios encontra-se, sobretudo, no antigo monasticismo. Os monges consideram o jejum como remédio comprovado na luta pela pureza do coração, a qual constitui seu verdadeiro objetivo. Querem se tornar abertos a Deus, querem chegar a viver constantemente na presença de Deus e estar, com todos os seus pensamento e sentimentos, sempre com Deus e em Deus. Para eles, a pureza de coração significa conseguir o sossego que pode haver somente quando o coração está inteiramente voltado para Deus e impregnado por seu Espírito. Para alcançar esse objetivo, os monges empregam vários meios: oração e meditação, silêncio, trabalho manual, amor fraterno e, justamente, também o jejum. Esses meios formam um conjunto. Por isso, quando refletimos sobre o jejum, devemos também levar em conta sempre sua relação com a oração, o trabalho manual e o amor fraterno.

Com o jejum, os monges dão início à luta contra os vícios, contra os inimigos da alma que querem impedi-los de se entregar inteiramente a Deus. Diz João Colobo em um dos ditos dos Padres do Deserto:

> Quando um rei pretende conquistar uma cidade inimiga, ele se apodera primeiro da água e interrompe o abastecimento da cidade, e quando [os moradores] estão morrendo de fome submetem-se a ele. Assim acontece também com os desejos da carne. Quando o monge assume o combate contra os inimigos da alma, com jejum e com fome, eles perdem sua força.[1]

A luta que os monges travam no jejum contra seus inimigos inicia pelo contato com o inimigo. Por meio do jejum, eu descubro, em primeiro lugar, quem é meu oponente. Por meio da boa comida e bebida posso reprimir muita coisa. O desprazer e o vazio que residem no mais profundo do meu coração não podem nem sequer aflorar. No jejum, ao contrário, eu me encontro comigo mesmo, encontro-me com os inimigos de minha alma, com aquilo que, no meu íntimo, mantém-me preso.

---
[1] MILLER, B. (org.). *Weisung der Väter (= Weisung)*. Freiburg, 1965. p. 116, dito 318.

Certa vez houve em nosso mosteiro uma discussão sobre o jejum, e um confrade observou que era bem melhor não jejuar e estar de bom humor do que jejuar e se tornar um peso para os outros, por causa do mau humor constante que o jejum provocava. Outro replicou que achava isso uma conclusão enganosa. Se nossa única forma de evitar o mau humor é comendo e bebendo bem, então nunca chegaremos ao autoconhecimento. Será que realmente posso estar de bom humor somente se estiver comendo e bebendo? Qual é, afinal, a razão da minha paz interior? O que é, em última análise, que me mantém de bom humor? Consigo estar contente comigo e com Deus somente quando minhas necessidades de comida e bebida estão satisfeitas? Certamente não é bom que nos privemos de qualquer prazer e, em consequência, nos tornemos insuportáveis para os outros. Mas não é nisso que consiste o jejum. Ele consiste antes em eu descobrir dentro de mim o que é que realmente me sustenta, de que é que eu vivo em última instância. Justamente quando, por meio do jejum, eu conscientemente abro mão das muitas satisfações substitutas que tantas vezes me anestesiam ou cegam, chego a conhecer minha verdade mais profunda. Ao jejuar tiro a coberta estendida sobre a inquietude de meus pensamentos e emoções. Desse modo pode aflorar tudo que está dentro de mim, meus desejos e anseios não satisfeitos, minha avidez, aqueles pensamentos que giram unicamente em torno de mim, meu sucesso, minhas posses, minha saúde, minha autoafirmação, meus sentimentos de ira, amargura ou tristeza. Assim se abrem as feridas, encobertas com muito custo mediante as atividades ou os numerosos meios de autoconsolo que encontramos na comida e na bebida. Fica descoberto tudo que já reprimimos. O jejum descobre-me quem sou eu. Mostra-me meus perigos e indica-me onde tenho que começar a luta.

Essa experiência dos antigos monges confirma-se também no Novo Testamento, na narrativa sobre a tentação de Jesus. Depois de jejuar durante quarenta dias no deserto, aproximou-se dele o tentador. Jesus é confrontado com o perigo mais genuíno de sua missão, de sua existência humana, com a possibilidade de fracassar e de negar-se diante de Deus. Em última instância, a narrativa da tentação de Jesus descreve um perigo que todos nós estamos correndo. E, na luta que Jesus trava contra Satanás, é-nos mostrado também um caminho para lidar com a tentação que nos ataca justamente no deserto e durante o jejum. No deserto, Deus nos coloca à prova para conhecer os pensamentos de nosso coração (cf. Dt 8,2).

São três as tentações que Jesus precisa enfrentar. A primeira tentação consiste na possibilidade de ele abusar de sua condição de Filho de Deus para satisfazer suas necessidades, para garantir uma vida boa com comida e bebida. Jesus supera essa tentação porque, para ele, a Palavra de Deus é mais importante e mais nutritiva do que a comida e a bebida. A segunda tentação é a da fama e do prestígio. A força divina poderia ser usada para ele colocar-se no centro e para deixar-se admirar pelas pessoas. Jesus rejeita também essa tentação. Ele sabe que tem uma missão que Deus lhe confiou e não quer utilizar Deus em seu próprio favor. A terceira tentação está relacionada com o poder e a avareza. Satanás entregaria a Jesus todos os reinos do mundo como posse e domínio, se ele o adorasse. Jesus supera essa tentação ao inclinar-se não diante do ídolo do poder e do dinheiro, mas diante de Deus, a quem ele adora como seu Senhor. Assim, a tentação se converte em paraíso. Os anjos vêm para servi-lo.

A narrativa da tentação mostra-nos como podemos malograr em nossa existência humana. E é justamente o jejum que coloca os perigos diante de nossos olhos. Jesus jejuou no deserto. O jejum e o deserto estão intimamente relacionados entre si. Ambos nos confrontam com nossa nudez. Tiram o véu por detrás da qual se escondem os nossos verdadeiros desejos e pensamentos. No deserto não temos nenhuma proteção por detrás da qual poderíamos nos esconder. E o jejum nos torna ainda mais vulneráveis, por causa dessa falta de proteção. Não temos mais nada com que entupir o vazio que está emergindo, com que pudéssemos reprimir os desejos e as necessidades que estão se manifestando. Sem nenhuma proteção, estamos sendo confrontados com as forças que, em nosso interior, lutam pelo poder. Em última análise, trata-se de saber se é Deus ou Satanás quem poderá mandar em nós.

Os monges contemplam a tripla tentação de Jesus no quadro de sua doutrina dos oito vícios. Por meio do jejum, eles lutam, sobretudo, contra os três primeiros vícios: a gula, a luxúria e a cobiça. São três instintos do ser humano que devem se ajustar dentro da ordem adequada, por meio do jejum. A gula não apenas prejudica o corpo, como também embrutece o espírito. O excesso de comida nos rouba a energia e torna também nosso espírito satisfeito e preguiçoso. João Cassiano aconselha a combater a gula não apenas pelo jejum mas, ao mesmo tempo, também com leituras espirituais e com a oração, para que o espírito se volte para assuntos divinos e encontre neles uma maior satisfação do que na comida e bebida. Não só de pão vive o homem, mas também da Palavra de Deus.[2]

Para os antigos, a gula e a luxúria estavam estreitamente relacionadas. Com Aristóteles, acreditava-se que os alimentos excedentes se convertiam em sêmen e que o excesso de sêmen aumentava o desejo.[3] Embora esse conceito possa estar errado, ele corresponde à experiência dos monges de que a comida e bebida suntuosas – sobretudo o consumo de álcool – incentivam a sexualidade. Os monges acreditavam que conseguiriam lidar com sua sexualidade somente quando fossem comedidos com a comida e a bebida. Dessa maneira, um de seus ditos afirma:

> Aba Moisés disse: "Certo dia, quando eu era jovem, a luxúria me importunou. Adentrei-me mais

---

[2] Cf. João Cassiano, *24 Unterredungen mit den Vätern*. Kempten, 1879; Unterredung V,4, pp. 411s.; id., *Von den Einrichtungen* V,12, p. 106.

[3] Cf. Gromer, J. F. *Die deutsche Thomas-Ausgabe*. Heidelberg, 1964. v. 21, p. 572.

> profundamente ao deserto e permaneci ali durante quarenta e dois dias, sem comer pão e sem beber água e sem me deitar para dormir. Orei ao Senhor, e o Senhor me libertou dessa tentação. E, dali em diante, nunca mais voltou a me afligir, em toda a minha vida.[4]

Certamente devemos evitar a ideia errada de que seria possível refrear a sexualidade somente por meio do jejum. Ao fazer isso, correríamos o perigo de perder, em virtude do ascetismo exagerado, juntamente com a sexualidade, também a nossa vitalidade. O jejum não deve nos conduzir a uma negação da vida, e, acima de tudo, com o jejum não devemos lutar contra nós mesmos por medo das moções dos impulsos. O medo é sempre um mau conselheiro, especialmente também no relacionamento com os nossos impulsos. Em vez disso devemos encontrar o que há de melhor dentro de nós, por meio de um ascetismo sadio, e de transformar nossos impulsos para que a força que reside neles continue estando à nossa disposição. Devemos dominar nossos impulsos, mas de uma forma mansa e não por meio de uma ruptura

---

[4] REGNAULT, L. (org.). *Les sentences des pères du désert, nouveau recueil* (= II). Solesmes, 1977. Eth Coll 14,26.

violenta. O jejum visa libertar os impulsos dos excessos e do caos. Não é o medo da comida ou da sexualidade que nos faz jejuar, mas a esperança de podermos dominar nossos impulsos com liberdade, em vez de sermos dominados por eles.[5]

A questão de como devemos lidar com nossos impulsos por meio do jejum é tratada pelos monges sob o tema da humildade e do orgulho. Se o jejum nos torna orgulhosos, trata-se sempre de um sinal de que estamos lidando com nossos impulsos de modo muito duro. Cremos, então, que podemos dominá-los por meio da nossa própria força. Queremos reprimir o "animal" dentro de nós, domar sua força e assim ficar bem aos olhos dos outros. Nesse caso, a opinião dos outros incita-nos a proceder com severidade, para realizar empenhos rigorosos. Aguentamos o jejum por muito tempo porque o reconhecimento das pessoas nos faz esquecer os incômodos. Alimentamo-nos com os elogios da multidão. Um dos ditos dos Padres do Deserto tematiza isso:

> Contava-se: Num povoado vivia um homem que jejuava tanto que recebera o apelido de "jejuador".

---

[5] Cf. para isso DREWERMANN, E. *Der Krieg und das Christentum*. Regensburg, 1982. pp. 313s.

Aba Zenon ouviu falar dele e chamou-o junto a si. O homem compareceu com alegria. Eles fizeram uma oração e sentaram-se. O ancião começou a trabalhar, porém, em silêncio. Já que não teve nenhuma chance de conversar, o jejuador, entediado, sentiu-se incomodado. E disse ao aba: "Reza por mim, quero ir embora". Disse então o ancião: "Por que?". O jejuador respondeu: "Meu coração está como se estivesse em chamas, não sei o que está lhe acontecendo. Quando eu estava no povoado, jejuava até o anoitecer, mas nunca antes me senti assim". O ancião disse-lhe, então: "No povoado, teus ouvidos se banquetearam com os elogios. Mas vai, e a partir de agora alimenta-te na nona hora. E quando fazes algo, faze-o escondido!". Quando o jejuador começou a fazer isso, ficou-lhe tão pesado ter que esperar até a nona hora que as pessoas que o conheciam diziam: "O jejuador está possuído pelo demônio". Então ele voltou para ver o aba e contou-lhe tudo. No entanto, o ancião disse-lhe: "Esse caminho agrada a Deus".[6]

Quem pratica o jejum para conseguir por meio dele o reconhecimento das pessoas não experimenta seus efeitos positivos. O jejum não o transforma, não o torna mais livre nem mais transparente para Deus. A subjugação do "animal" dentro de si não

---

[6] *Weisung*, dito 921.

torna ninguém mais humano. Pelo contrário, dessa maneira, apesar da dominação de seus impulsos, a própria pessoa se converte em um animal que devora seus irmãos, desacreditando-os, julgando-os e caluniando-os. Os impulsos não estão domesticados, mas apenas oprimidos, e transferem-se, sem que a pessoa se dê conta, para o nível das relações humanas. Por isso, um teste que mostrará se estou jejuando corretamente consiste na minha relação com as outras pessoas, sobretudo em meu discurso sobre os outros. Se falo mal do outro, é porque não entendi nada sobre o sentido do jejum. Nesse caso teria sido melhor deixar de jejuar:

> É melhor comer carne e beber vinho do que devorar a carne dos irmãos em discursos caluniadores.[7]

Do mesmo modo, também a abstenção de pensamentos maus faz parte do jejum. Um dito dos Padres do Deserto conta o seguinte:

> "Meu filho, o que fazes quando jejuas?". O irmão respondeu: "Pelas manhãs tranço ramos de palmeiras e, enquanto trabalho, medito sobre os

---

[7] REGNAULT, L. (org.). *Les sentences des pères du désert, troisième recueil* (= III). Solesmes, 1976. n. 1.741.

salmos. Quando termino de fazer uma cesta, rezo e ao meio-dia durmo um pouco. Depois levanto, saio da cela e volto a trabalhar até ter trançado três cestos. Ao entardecer rezo e, depois de ter feito cem prostrações, levanto-me para rezar o ofício divino. No dia seguinte, na nona hora, cozinho e como até estar satisfeito". O ancião respondeu-lhe: "Isso não é jejum, meu filho. Pois quando te absténs do alimento e dizes algo mau sobre alguém, e quando julgas, quando és vingativo contra um outro ou quando permites que maus pensamentos entrem em teu interior, ou quando anseias em tua mente fazer algo semelhante, então seria muito melhor que passasses o dia comendo e evitando tudo isso, em vez de satisfazer-te com isso em jejum. Pois qual é o proveito de abster-se do alimento e de seguir todos os outros desejos? Tu não sabes que cada pessoa que satisfaz seus desejos mentalmente come e bebe sem alimentos externos? Mas se tu quiseres praticar a abstinência e o jejum da maneira que agrada a Deus, cuida-te de cada palavra má, de cada calúnia, de cada condenação, e não abras teu ouvido para as más línguas. Purifica teu coração de todas as máculas da carne e do espírito (cf. 2Cor 7,1), de todo rancor e toda inveja".[8]

O jejum físico deve estar unido ao espiritual, isto é, à abstinência de pensamentos maus. No entanto,

---

[8] *Les sentences II*, Eth Pat 322.

parece que não é possível proibir os pensamentos com tanta facilidade como os alimentos: eles voltarão a surgir sempre. Para os monges, o jejum espiritual significa uma luta contra os pensamentos maus. Nessa luta, os monges empregam os meios comprovados de sua ascese: silêncio, trabalho manual, oração e meditação. No entanto, faz parte dessa luta também o jejum corporal, pois, sem ele, o jejum espiritual é impossível:

> Disse um ancião: "Quem enche seu estômago com comida e bebida descuida da oração e não pode travar nenhuma guerra contra seus pensamentos. A fome e a vigília purificam tanto o coração de pensamentos maus quanto o corpo dos ataques do inimigo, para convertê-lo em uma morada do Espírito Santo".[9]

Portanto, o jejum corporal é a condição para poder jejuar também espiritualmente, para poder ganhar a luta contra os pensamentos maus. Ao jejuar fisicamente estou influenciando, ao mesmo tempo, meu espírito e posso conduzi-lo para uma vigília maior.

---

[9] Ibid., N 592/46.

Quando alguém se torna orgulhoso, nesse processo, então não entendeu a natureza do jejum. O verdadeiro jejum sempre torna a pessoa mais humilde. Aba Longino diz o seguinte:

> O jejum humilha o corpo, e a vigília purifica o espírito.[10]

E outro dito dos Padres do Deserto afirma:

> Disse o irmão: "Para que servem o jejum e a vigília que os monges realizam?". O ancião respondeu-lhe: "Eles tornam a alma humilde".[11]

E Aba Poimén diz:

> A alma não é absolutamente humilde se não for racionada com pão.[12]

Portanto, quem pratica o jejum de forma correta também se torna humilde. Como devemos entender isso? Em primeiro lugar, o jejum nos confronta com nós mesmos, com todos os nossos desejos e necessidades, nossos sentimentos e pensamentos, com nossas sombras. Reconhecer as próprias sombras já

---

[10] Ibid., N 566.
[11] *Weisung*, dito 512.
[12] *Les sentences III*, IV,35.

nos torna mais humildes. Além disso, o jejum nos conduz aos nossos limites. Mostra-nos muito claramente que somos seres humanos com corpo e alma, que não podemos nos elevar sobre nosso corpo. Lembra-nos que também não podemos nos despojar de nosso corpo e que não podemos fazer com ele o que bem queremos. Devemos aceitá-lo com suas carências e necessidades. Devemos respeitar seus direitos. O jejum nos confronta com nossa própria carência. Não somos suficientes para nós mesmos, não possuímos o sossego dentro de nós. Quem está sentado diante de Deus e sente fome sente também seu anseio de satisfação. Sente com seu corpo que depende da satisfação que vem do lado de fora e experimenta em sua própria pele que é matéria e submetido às leis da matéria. O corpo zela por seus direitos. O espírito não pode tratá-lo como se fosse um escravo. Deve escutá-lo e ter consideração para com ele. Essa experiência nos torna humildes. No jejum sentimos nossa corporeidade, nossa mortalidade, nossa dependência das leis materiais, e devemos nos reconciliar com elas. O jejum não é nenhum ataque furioso contra o corpo e suas leis, nenhuma tentativa desesperada da parte de nosso espírito para elevar-se sobre o corpo. O jejum é antes um caminho para aproximar-se cada vez mais da sua própria verdade, um caminho no qual temos que nos relacionar muito bem com nós mesmos, no qual libertamos nosso âmago bom das amarras que se enroscaram em torno dele. Ao jejuar lutamos não contra nós mesmos mas sim contra os inimigos da alma que querem impedir que nos tornemos, nós mesmos, filhas e filhos de Deus, criados a sua imagem e semelhança.

Agostinho diz que o jejum consiste não em odiar o corpo mas simplesmente em lutar contra os hábitos maus das paixões e, assim, colaborar com a cura do corpo:

> Pois também depois da ressurreição acontecerá que o corpo estará sujeito ao espírito, por completo e na mais alta paz, e que ele, assim, prosperará eternamente. Por isso devemos procurar, já nesta vida, que os hábitos da carne melhorem e não devemos nos opor ao espírito por meio de moções desordenadas. Até aquele momento, a carne cobiça contra o espírito e o espírito, contra a carne. No entanto, o espírito opõe-se contra a carne não por causa do ódio, mas por causa de sua soberania, porque deseja subordinar o objeto de seu amor (o corpo) àquilo que é melhor.[13]

---

[13] AGOSTINHO, *Sobre a doutrina cristã* 1, 24-25, citado em: HEILMANN, *Texte der Kirchenväter*, pp. 292s.

Um jejum sadio deve estar acompanhado de amor ao próximo e de gestos de caridade. O amor fraterno está acima do jejum. Devemos interromper o jejum se ele nos afasta do amor fraterno. Por exemplo, Cassiano diz:

> Certa vez, eu e o santo Germano nos dirigimos a um abá. Ele nos acolheu com toda a hospitalidade e nós lhe perguntamos: "Por que, no tempo de acolher visitas, que são irmãos, não guardas a regra de seu jejum, assim como nós na Palestina o fazemos?". Ele respondeu: "O jejum está sempre comigo, mas a vós não posso ter sempre comigo. O jejum é uma coisa útil e necessária. Mas ele depende apenas de nossa decisão. O cumprimento do amor, porém, é severamente exigido pela lei de Deus. Ao acolher a vós, então, acolhemos a Cristo. Por isso, devo cuidar disso com todo o meu zelo. Quando depois me despeço de vós, posso voltar a observar a regra do jejum. Os convidados não podem jejuar enquanto o noivo está com eles, mas quando ele for tirado deles, então terão razão em jejuar".[14]

Portanto, o jejum não é um tabu que não pode ser transgredido. A pessoa que o considera mais importante do que o amor fraterno mostra que seu próprio aperfeiçoamento é-lhe mais importante do que a lei

---

[14] *Weisung*, dito 427.

de Cristo. Para ele, o jejum é uma obra que poderá exibir, com a qual pode comprovar seu valor a si mesmo e aos outros. Contudo, dessa maneira, acaba sendo um escravo de seu próprio ascetismo. A marca própria do ascetismo cristão é poder, de vez em quando, também abandonar a prática ascética. Há coisas mais importantes do que se fortalecer interiormente mediante o jejum. No amor fraterno, meu olhar desprende-se de mim e volta-se para o meu próximo.

Para os monges, o jejum deve servir ao amor fraterno. Aquilo que se economiza por meio do jejum deve ser dado aos pobres e necessitados. Por exemplo, Aba Paládio aconselha um discípulo assim:

> No dia em que jejuas, contenta-te com pão, água e legumes, e dá graças a Deus. Calcula o gasto com a comida que economizas em teu dia de jejum e dá o valor a um irmão pobre vindo de fora, a uma viúva ou a um órfão, para que a pessoa que o recebe, e se satisfaz com ele, reze por ti.[15]

Algo semelhante já diz o *Pastor de Hermas*, um dos primeiros escritos cristãos extrabíblicos, redigido em torno do ano 150:

---

[15] *Les sentences III*, n. 1.741.

No dia do teu jejum tomarás somente pão e água. Depois calcularás o valor do preço que terias pago por tua alimentação naquele dia e o darás a uma viúva, a um órfão ou a um necessitado. Desse modo, subtrairás algo de ti para que uma outra pessoa possa ter um proveito por causa de tua renúncia, possa se saciar e rezar ao Senhor por ti.[16]

Para os cristãos, a caridade pertence intrinsecamente ao jejum. O jejum é sempre mencionado junto com a oração e a esmola, características de uma vida de devoção. Encontramos essa tríade já no judaísmo. Jesus a adota no Sermão da Montanha, ao libertar essas três obras da pessoa piedosa de qualquer pensamento legalista e ao interpretá-las de forma nova para seus discípulos (cf. Mt 6,1-18). Também aqui percebe-se que a boa obra é válida somente quando não é realizada na frente das pessoas, mas em segredo. "E o teu Pai, que vê o escondido, te recompensará" (Mt 6,4). Também para Jesus, a esmola, o jejum e a oração são a maneira pela qual devemos segui-lo. Mas assim que essas obras de piedade são realizadas diante das pessoas, com a intenção de obter seus elogios e seu reconhecimento, elas perdem todo o seu valor,

---

[16] Citado em: RÉGAMEY, *Wiederentdeckung des Fastens*, pp. 40s.

pois, dessa maneira, quem as faz não se desprende de si mesmo. Apenas transfere seus desejos de poder, reconhecimento e fama para outro nível. E, no fundo, sucumbe às tentações que Jesus superou no deserto quando jejuava. Além disso, manipula Deus e a piedade somente para satisfazer sua busca de prestígio e sua fome de poder. No entanto, exatamente isso perverte a ascese, porque seu verdadeiro objetivo é fazer o exercício de nos tornarmos transparentes para Deus, de buscarmos um coração puro e uma vida em vigilância e autenticidade diante de Deus, o qual está sempre presente.

Jejuar
e orar

Capítulo 4

O terceiro elemento da tríade das obras de caridade, tanto para os judeus como para os cristãos, é a oração. No entanto, a oração não fica simplesmente ao lado do jejum e da esmola; ela possui uma relação intrínseca com eles. Hoje em dia, muitas pessoas pensam que a oração, enquanto diálogo com Deus, é um ato puramente espiritual. No entanto, os antigos entendiam a oração sempre como um rezar com corpo e alma. Isso se manifestava, por exemplo, nos gestos que acompanham a oração. Não se rezava a Deus meramente na cabeça e com a cabeça, mas com o corpo inteiro. Costumava-se estender as mãos e abrir-se para Deus com todo o corpo. Os antigos identificavam "orar" com "levantar as mãos para Deus". O gesto ressalta a oração e, muitas vezes, ele mesmo já é uma oração, sem que haja a necessidade de pronunciar alguma palavra. Quem se coloca diante de Deus com as mãos abertas já está rezando por meio do simples gesto.

Essa mesma união entre corpo e alma manifesta-se também especialmente na íntima relação entre o jejum e a oração. Assim como os gestos corporais fazem parte da oração, dela também faz parte o jejum. Ele intensifica a oração. Isso vale, em primeiro lugar, para a prece. Quando sinto realmente uma importância especial em rezar por alguém ou em alguma intenção particular, posso expressar isso muito bem ao rezar jejuando. Dessa maneira, minha oração não permanece simplesmente um ato mental, não se reduz a alguns pensamentos ou palavras, mas abrange toda a minha existência. Rogo a Deus com corpo e alma; confesso com meu jejum que eu sozinho não posso fazer absolutamente nada, que dependo inteiramente da ajuda de Deus. Já no Antigo Testamento encontramos o vínculo entre o jejum e a oração. Por exemplo, Esdras 8,21-23 reza:

> Fiz proclamar um jejum, para nos humilharmos diante de nosso Deus e pedirmos a ele uma boa viagem para nós, nossos filhos e todos os nossos bens. Pois tive vergonha de pedir ao rei uma escolta e cavaleiros como proteção contra inimigos encontrados durante a viagem. Ao contrário, tínhamos declarado ao rei: "A mão de nosso Deus se estende sobre todos que se voltam para ele, para a

sua bênção. Mas sua ira poderosa atinge todos que o abandonam". Jejuamos, pois, invocando nosso Deus nessa intenção. E ele atendeu nossa prece.

Ao jejuar, o israelita piedoso reconhece que não é capaz de se defender dos inimigos por sua própria força, mas que depende inteiramente da ajuda de Deus. Também Josafá manda proclamar um jejum quando se aproximam os exércitos inimigos. Em vez de confiar em sua força física e no bom armamento de seus soldados, ele se confia a Deus. Por meio do jejum, ele diminui sua força vital para expressar sua fé de que, nessa situação, é somente Deus quem pode ajudar:

> Estamos impotentes diante dessa imensa multidão que está avançando contra nós. Não sabemos o que fazer. Unicamente para ti voltam-se nossos olhos (2Cr 20,12)

Também quando Holofernes se aproximava com seu exército poderoso, os israelitas jejuaram e oraram a Deus (cf. Jt 4,13). E as Sagradas Escrituras narram constantemente que Deus acode para ajudar quando os seres humanos se apresentam a ele jejuando e orando.

No Novo Testamento, Jesus diz que a cura de certas doenças é possível unicamente por meio da oração e do jejum. Ainda que os exegetas opinem que a palavra "jejum" seja um acréscimo posterior (cf. Mc 9,29),[1] ela expressaria pelo menos a experiência da Igreja primitiva de que o jejum serve de reforço à oração e a torna mais efetiva. E quando a *Didaqué* exorta os cristãos a jejuarem pelo bem daqueles que os perseguem, isso mostra que, para eles, o jejum e a oração eram uma unidade. Quando quero rezar de todo o coração, essa oração deve se expressar também corporalmente. Ao jejuar, rezo também com o corpo. O próprio jejum já é uma oração. É o clamor do corpo a Deus.

Encontramos a prática de jejuar também entre os antigos monges. Por exemplo, um abade convida os monges a jejuarem por um irmão que caíra em pecado e estava morrendo.

> Começaram, então, a jejuar entre lágrimas e a suplicar a Deus que ele fosse compassivo. Continuaram jejuando durante três dias e três noites, sem comer nada, chorando e lamentando-se pela perda

---

[1] Cf. ibid., p. 34; cf. também: SCHWEIZER, E. *Das Evangelium nach Markus.* Göttingen, 1968. p. 107.

de seu irmão. E o pai do mosteiro viu em uma visão o Redentor, que ficou comovido e aceitou as penitências dos irmãos.[2]

Por meio do jejum e da oração, os irmãos salvam a alma de seu irmão caído. No jejum, nós e a pessoa pela qual jejuamos, nos tornamos um só. Tornamo-nos compassivos. Em grego, "ser compassivo" significa "permitir ser comovido até as entranhas". As entranhas são "o lugar onde residem as moções mais fortes e mais íntimas".[3] Ao jejuar, eu não fico entupindo minhas entranhas com alimentos, para fechar-me contra as outras pessoas e tornar-me impassível, mas torno-me aberto e solidário, permito que os outros se adentrem em mim, na parte vulnerável de meu ser. Dessa maneira, o jejum nos capacita para a compaixão e a misericórdia. A oração acompanhada de jejum é uma oração que vem não da distância mas sim do fato de eu estar vulnerável e ter sido atingido pela outra pessoa. Ao jejuar, desço para meu abismo e minha impotência, para encontrar, dentro deles, o abismo dos outros e para recomendar meu próprio abismo, juntamente com os abismos dos outros, à compaixão de Deus.

---

[2] *Les sentences II*, n. 598.
[3] NOUWEN, H. J. M. *Das geteilte Leid*. Freiburg, 1983. p. 25.

Em nossos dias, foi principalmente Gandhi que proclamou a estreita relação entre o jejum e a oração e quem deu um exemplo de jejum para outras pessoas. Para Gandhi não existe uma "oração sem jejum, se compreendermos o jejum em seu sentido mais amplo".[4] "Minha religião ensina-me que é preciso jejuar e rezar numa desgraça que não podemos amenizar".[5] Gandhi jejuava cada vez que sentia que suas palavras não surtiam efeito, que suas negociações e apaziguamentos não tinham êxito. Para ele, o jejum era uma ação política. Contudo, ao mesmo tempo, era oração, uma confissão de que, naquele caso, somente Deus podia transformar o coração dos seres humanos. Além disso, porém, o jejum tinha também um profundo efeito psicológico sobre as pessoas. Elas sentiam que Gandhi levava a sério seu desejo de paz. Ao jejuar, Gandhi sentia-se solidário com as pessoas pelas quais jejuava. Muitas vezes jejuava justamente pelas pessoas que tinham cometido erros. Com seu jejum, ele procurava purificar a atmosfera que ficara contaminada pela culpa, e, dessa

---

[4] Régamey, *Wiederentdeckung des Fastens*, p. 142; os números que seguem no texto referem-se todos ao artigo de Drevet, C. Die Fasten des Mahatma Gandhi, no livro de Régamey, pp. 141-186.

[5] Ibid., p. 152.

maneira, ele criava condições para encontrar soluções positivas. No entanto, para Gandhi, o jejum poderia ter esse efeito somente quando nascia da fé e quando estava unido com a oração: "Meu jejum é um assunto entre Deus e mim".[6] Com seu jejum, Gandhi não pretendia chantagear ou culpar ninguém; queria mostrar sua solidariedade com as pessoas e levar sua situação diante de Deus. Ele não jejuava *contra* alguém, mas sempre *por* alguém. Para ele, a condição indispensável para um jejum efetivo era uma amizade profunda e uma compreensão mútua entre a pessoa que jejua e aquelas pelas quais jejua. Gandhi obteve resultados admiráveis com seu jejum. As situações mais desesperadoras foram resolvidas pelo bem de todos, inimigos se converteram em amigos. O jejum de Gandhi "fez calar o ódio, deu às almas um novo rumo e aos desesperados, nova coragem".[7]

Hoje em dia, muita gente gosta de imitar o exemplo de Gandhi. Jejua-se pela paz, pela vida. Erich Fried justifica esse jejum pela vida em um poema:

---

[6] Ibid., p. 152.
[7] Ibid., p. 160.

> Quando se tornam mais fracos por seu jejum,
> eles procuram tornar-vos mais fortes
> na luta pela vossa vida.
> Quando se aproximam da morte
> por causa de seu jejum,
> eles procuram ajudar a afastar mais
> essa morte que vos ameaça.[8]

Em seus anúncios, os iniciadores do movimento "Jejum pela Vida", um grupo que jejua como forma de protestar contra as armas nucleares, fazem referência a Gandhi:

> Gandhi e muitos outros ao longo da história lutaram contra as instituições más, ao abandonar sua vida ao jejum. Temos o propósito de fazer o mesmo. Por meio do jejum identificamo-nos com os milhões de pessoas que estão condenadas ao jejum por causa da corrida armamentista. Participaremos de seu sofrimento e, dessa maneira, quebramos as barreiras que há em nossos próprios corações e nos corações de nossos irmãos e irmãs.[9]

Com Gandhi, o movimento "Jejum pela Vida" percebe no jejum indeterminado o último recurso

---

[8] Citado em um manuscrito mimeografado, publicado pelo Movimento Pacifista.
[9] Ibid.

da não-violência. O objetivo não é a chantagem, e sim a purificação da atmosfera e a confissão de que se levam mortalmente a sério a vida e a paz para o mundo. A questão é se o jejum pela vida pode ter seu efeito positivo se ele não nasce, como no caso de Gandhi, da fé de que, nesse caso, unicamente Deus pode ajudar.

Gandhi sempre ressaltou que, somente com o jejum, não podemos forçar nada. O jejum deve ser puro, não arrogante. O jejum, com o apoio da oração, pode mover algo nos seres humanos porque é um reconhecimento da própria impotência, mas, ao mesmo tempo, de uma profunda solidariedade com o sofrimento da humanidade e de uma grande esperança de que Deus conhece uma solução para todos nós e que ele também pode realizá-la.

No entanto, para os monges, o jejum não é simplesmente uma forma de reforçar a súplica a Deus, um meio eficaz para conseguir o cumprimento de seus desejos junto a Deus e às pessoas, mas constitui também uma parte essencial da oração pessoal. São Bernardo escreve sobre essa relação entre a oração e o jejum:

> Quero lhes dizer algo que vão entender facilmente e que vocês já experimentaram muitas vezes, se eu não estiver enganado: o jejum confere esperança à oração e a torna fervorosa [...]. A oração obtém a força para jejuar e o jejum, a graça para orar. O jejum fortalece a oração, e a oração fortalece o jejum e o leva até o Senhor.[10]

O jejum fortalece a oração porque torna a pessoa que reza mais desperta. A comida nos torna satisfeitos e sonolentos. Ao jejuar ficamos acordados e abertos para o espiritual, abertos para Deus, permeáveis para o Espírito de Deus. Por isso, recomenda-se jejuar também em cursos de meditação, porque o jejum apoia a meditação. Com o estômago cheio é difícil rezar bem, ou, pelo menos, a oração adquirirá facilmente um caráter de autossatisfação. Nesse estado, a pessoa confunde facilmente seu bem-estar corporal com a benevolência de Deus. Kierkegaard caricatura essa atitude em seus diários:

> O amor do burguês a Deus surge quando a vida vegetativa está em plena atividade, quando as mãos se põem satisfeitas sobre o estômago e quando, da

---

[10] BERNARDO DE CLARAVAL, *Quarta homilia sobre o jejum*, 1, citado em: RÉGAMEY, *Wiederentdeckung des Fastens*, p. 106.

cabeça recostada numa poltrona macia, um olhar sonolento se eleva ao céu.[11]

Nesse amor burguês, Kierkegaard sente falta daquele temor sem o qual não podemos amar a Deus enquanto Deus. O jejum nos ensina o temor de Deus, torna-nos humildes, como nos ensinam os Padres da Igreja. Produz em nós, como diz Gandhi, "a consciência de que não devemos nos aproximar de Deus no orgulho arrogante de nossa própria força, mas unicamente na mansidão dos fracos que se entregam".[12] Ao jejuar, a pessoa se entrega a Deus. Apresenta-se ao Todo-Poderoso humildemente em sua impotência e o adora. O jejum é adoração. Ao adorar a Deus, uma pessoa já não quer nada para si mesma, mas se inclina diante de Deus, que é maior. Ao jejuar, o ser humano se inclina com seu corpo, esgotado pela fome, diante do Deus eterno, que é o único capaz de satisfazer sua fome mais profunda. Clama a Deus com seu corpo. Mantém aberto o vazio do nada que se abre no ser humano enquanto criatura.

O Antigo Testamento descreveu a queda no pecado como o consumo do fruto proibido, querendo

---

[11] KIERKEGAARD, S. *Die Tagebücher*. München, 1949. p. 80.
[12] RÉGAMEY, *Wiederentdeckung des Fastens*, p. 162.

dizer com isso que os seres humanos "tentam, em sua angústia, fechar o vazio em sua existência para se tornarem como Deus e para criar, eles mesmos, a base (ausente) de sua existência – que não tem fundamento em si mesma – por meio de seu próprio esforço e desempenho".[13] Com sua interpretação psicológica da narrativa da queda no pecado, Drewermann quer dizer que o impulso humano de comer ou, de modo mais geral, o impulso oral presente no ser humano que procura juntar tudo dentro de si é, em última análise, "a ânsia existencial de fechar a fenda do nada". Se o ser humano não quer aceitar sua própria nulidade, precisa devorar o mundo inteiro para se tornar como Deus, a quem não falta nada. "Ao jejuar, o ser humano reconhece sua condição de criatura, o vazio do nada que determina sua existência, e adora a Deus enquanto seu criador, enquanto a existência infinita e eterna, que é o único que pode remediar sua falta de existência".

Entre os antigos monges, o tema do jejum e da oração aparece principalmente relacionado com as vi-

---

[13] DREWERMANN, E. *Strukturen des Bösen*; die jahwistische Urgeschichte in exegetischer, psychoanalytischer und philosophischer Sicht. Paderborn, 1982. v. 3, p. 544. Referem-se a essa obra também as duas citações que seguem no texto, respectivamente p. 543 e pp. 236s.

gílias. Vigiar a noite toda é uma prática popular entre os monges para poderem persistir em sua vigilância interior diante de Deus. O jejum cria a condição para que o monge possa vigiar à noite diante de Deus.

> Assim como a luz é uma alegria para olhos sadios, assim o jejum moderado é um requisito para a oração. De fato, assim que alguém começa a jejuar, sente-se imediatamente impelido em espírito a conversar com Deus. Um corpo que jejua não aguenta passar a noite inteira em seu leito, pois o jejum motiva muito naturalmente para vigiar na companhia de Deus, não somente durante o dia, mas também à noite. O corpo da pessoa que jejua não tem grande problema de lutar contra o sono. Por mais fracos que seus sentidos possam ser, pelo menos o coração vela: ele clama por Deus.[14]

Enquanto as outras pessoas estão dormindo, os monges querem ficar vigiando. Em suas vigílias, esperam a vinda do Senhor. O Senhor vem àquelas pessoas que o esperam. À noite, o monge sente-se mais próximo de Deus: nada o atrapalha e nada o distrai. A noite é o momento da mais profunda experiência de Deus. No entanto, vigiar não está ape-

---

[14] Isaac de Nínive, *De Perfectione religiosa*, citado em: Régamey, *Wiederentdeckung des Fastens*, p. 95.

nas relacionado com o encontro imediato com Deus, com a vinda de Deus no presente, mas se estende para a vinda definitiva do Senhor, a segunda vinda de Cristo na glória, para o momento em que o mundo experimentará sua perfeição.

A interpretação de Mt 9,15 justifica o jejum com a espera pelo esposo: "Mas virá o dia em que o noivo lhes será tirado, e nesse dia, sim, eles jejuarão". O próprio Cristo é o noivo e, como mostra a parábola das dez virgens, ele virá no meio da noite. Dessa maneira, o jejum e a vigilância estão baseados em uma mística da espera pelo Senhor. O jejum é "o clamor dirigido ao esposo invisível, para que ele volte".[15] Os monges acreditam que podem apressar a vinda do Senhor por meio do jejum e da vigília. Ao jejuar, expressam sua saudade pelo Senhor que está vindo. E mantêm sua saudade acordada. Estendem-se ao encontro do Senhor, com toda a sua existência, de corpo e alma, para que ele possa satisfazer sua saudade e seus anseios mais profundos.

Segundo os testemunhos das Sagradas Escrituras e dos pais do monasticismo, a oração acompanhada de jejum tem ainda outro caráter, o caráter da peni-

---

[15] Ibid., p. 31.

tência e expiação. Ao jejuar, o monge reconhece-se diante de Deus como pecador e demonstra que não quer perseverar em seu pecado, mas voltar-se novamente a Deus. Desse modo, por ordem de Samuel, os israelitas começaram sua conversão com um jejum e com a confissão: "Pecamos diante de Javé!" (1Sm 7,6). Quando Elias anuncia a Acab o castigo de Deus, Acab humilha-se e jejua. Por isso, Deus o poupa e faz cair a desgraça apenas sobre seu filho (1Rs 21,27ss). Os habitantes de Nínive reagem ao sermão de Jonas com jejum e obtêm assim a misericórdia de Deus (Jn 3,5). Para o Antigo Testamento, o jejum é a forma mais verdadeira de penitência e conversão. No jejum, o ser humano reconhece que ultrapassou os limites, que se tornou culpado diante de seu criador, que transgrediu e perturbou com seus pecados a ordem de Deus. Na consciência de sua culpa, a pessoa crente sente dentro de si "a necessidade de testemunhar com sua vida que não é nada diante de seu criador. Naturalmente, essa necessidade, por ser vital, encontra sua expressão naquilo que garante a conservação e o melhoramento da vida, portanto, na área da alimentação".[16] Ao jejuar, o ser humano

---

[16] Ibid., p. 23.

experimenta fisicamente que, em sua culpa, perturbou a harmonia entre si e Deus. Já não é dono de si mesmo. Torna-se interiormente infeliz, dilacerado em seu íntimo mais profundo. O jejum faz com que a pessoa volte à boa ordem, estabelece a harmonia entre o corpo e a alma e, dessa maneira, possibilita a paz a quem a perdeu por causa de seus pecados.

Em uma de suas homilias, o antigo monge Afrates diz:

> Nosso Senhor Jesus Cristo nos ordenou a jejuar e a vigiar sempre, para que, por meio da força do jejum puro, alcancemos a sua paz.[17]

Penitência significa que eu assumo totalmente as consequências de meus pecados e que faço isso conscientemente. Quando jejuamos, não encobrimos o sofrimento em relação à nossa existência perturbada, mas o aceitamos de um modo que se torne perceptível no nosso corpo. Na penitência, reconciliamo-nos com nosso estado de dilaceração causado pelo pecado e voltamos assim a encontrar nossa integridade, a paz com nós mesmos.

---

[17] AFRATES, *Homilias*, citado em: RÉGAMEY, *Wiederentdeckung des Fastens*, p. 86.

Existe ainda outro aspecto que me parece importante para demonstrar a relação íntima entre jejum e oração. Trata-se da relação do jejum com a Eucaristia, a culminação da devoção cristã. Antigamente, os cristãos estavam cientes do estreito vínculo entre o jejum e a Eucaristia, porque eram obrigados a ficarem em jejum antes de receber a comunhão. Essa prática nasceu do respeito pela Eucaristia. Talvez seja também um reflexo dos cultos mistéricos nos quais se exigia das pessoas que quisessem deles participar um jejum de vários dias. No entanto, mesmo sem o jejum antes da comunhão, há uma relação estreita entre jejum e Eucaristia, pois a pessoa que jejua renuncia à comida e bebida, a suas necessidades orais. Na Eucaristia, porém, celebramos a comida e a bebida. Aquilo de que se privam as pessoas que jejuam torna-se aqui justamente o ato mais íntimo da relação com Deus. As dádivas do pão e do vinho são transubstanciadas em corpo e sangue de Cristo e comungadas pelos seres humanos. Ao comer o corpo de Cristo e ao beber seu sangue, o ser humano se torna um com Deus. Dessa maneira, comida e bebida são declaradas sagradas. Aquilo que originalmente era um instinto para se alimentar, que, tantas e tantas vezes, tem-se tornado um instinto destrutivo que quer devorar tudo dentro de si, é agora transformado "em um ato de fusão mental, em uma *unio mystica* entre Deus e o ser humano".[18] A transformação de nossa comida e nossa bebida para a suprema forma do encontro com Deus, na Eucaristia, mostra que, no fundo, o jejum sempre tem uma função positiva. Ele não existe porque alguém esteja desaprovando o fato de que estamos comendo e bebendo, mas porque se pretende espiritualizar esse comer e beber. Não se pretende maltratar-nos com fardos pesados, mas sim libertar-nos de um impulso que nos domina tantas e tantas vezes, para mostrar-nos que o sentido verdadeiro da comida e da bebida é unir-se com Deus. Em vez de acontecer o que aconteceu na queda, ou seja, encher por medo o vazio do nada com qualquer coisa disponível para se tornar como Deus, o próprio Deus que nos dá, na Eucaristia, o alimento que nos torna deuses. A saudade, o anseio mais profundo que o ser humano relaciona com o ato de ingerir alimentos, é satisfeito na Eucaristia. Ao comer e beber o corpo e o sangue de Cristo, podemos nos tornar parte de Deus, nos tornar um com ele. Dessa maneira, a Eu-

---

[18] DREWERMANN, *Krieg*, p. 316.

caristia é a mais verdadeira superação da queda no pecado, quando o ser humano pretendia, por medo, satisfazer ele mesmo seus anseios, tendo conseguido unicamente mergulhar cada vez mais profundamente no turbilhão do medo que o afastou de Deus. Na Eucaristia, o ser humano faz a experiência de que o próprio Deus satisfaz suas saudades, seus anseios, e assim o liberta do medo de precisar aguentar para sempre o nada que há em sua existência.

Jejuar: um caminho para a iluminação

Capítulo 5

Muitos povos empregam o jejum como meio para proporcionar situações de êxtase, sonhos e visões. Por exemplo, os zulus costumam dizer: "O estômago sempre cheio não pode ver coisas secretas".[1] Também os gregos e os romanos esperavam alcançar mediante o jejum sonhos visionários e o conhecimento dos mistérios divinos. Nos cultos mistéricos praticava-se o jejum com essa finalidade. Neles, as pessoas praticavam a *incubatio*, que consistia em deitar no santuário da divindade e dormir ali, para receber sonhos que traziam felicidade, salvação e iluminação. A pessoa preparava-se para esse sonho onírico jejuando. O pitagórico Apolônio de Tiana opina que

> a força visionária que reside nos sonhos capta as revelações divinas com muito mais facilidade quando o ser humano se priva do vinho.[2]

Dessa maneira, principalmente profetas e sacer-

---

[1] ARBESMANN, *Das Fasten bei den Griechen*, p. 97.
[2] Ibid., p. 99.

dotes tinham que jejuar nos santuários oraculares, para receberem os preceitos de Deus dirigidos aos seres humanos.[3] O profeta do oráculo de Claros, por exemplo, tinha que jejuar durante três dias antes de anunciar o oráculo. O jejum visava torná-lo mais aberto para receber as ordens divinas.

Os neoplatônicos pensam que o jejum torna o ser humano semelhante a Deus e o leva a um relacionamento afetuoso e familiar com Deus. No jejum, eles aspiravam "libertar a alma de todas as amarras do sensorial, para conseguir assim uma purificação, uma semelhança e uma união com o divino".[4]

Encontramos ideias parecidas entre os pitagóricos, na adivinhação mântica e no gnosticismo. Também os Padres da Igreja estavam influenciados pelos ensinamentos contemporâneos e encontravam a aceitação deles na Bíblia. Por exemplo, Tertuliano aduz os exemplos de Moisés e de Elias para mostrar como o jejum capacita o ser humano a ver os mistérios divinos e a ter um relacionamento familiar com Deus.

---

[3] Cf. ARBESMANN, *Fasten*, p.462.
[4] Ibid., p. 467.

Tertuliano diz que Moisés

> mantinha, para além das forças da natureza humana, durante quarenta dias e quarenta noites, o jejum no qual a fé espiritual lhe proporcionou a força necessária, que ele viu a glória de Deus com seus próprios olhos, ouviu em seus ouvidos a voz de Deus e ruminou em seu coração a lei de Deus.[5]

E Tertuliano pensa que Moisés e Elias mereciam ver a revelação de Cristo na carne, no Monte Tabor, porque eram companheiros de seu jejum. Pois também Elias jejuara durante quarenta dias e quarenta noites, atravessando o deserto em seu caminho para o Monte Horeb. Ali, no murmúrio da brisa suave, ele teve a experiência da presença do próprio Deus (cf. 1Rs 19,12s). Tertuliano comenta isso assim:

> Que relacionamento amigável foi-lhe permitido ter com Deus! "O que estás fazendo aqui, Elias?". Não parece essa pergunta muito mais afável do que: "Adão, onde estás?". Esta pergunta era uma ameaça para o ser humano que tinha comido; aquela, uma carícia para o ser humano que estava jejuando. Privar-se de comida e de bebida traz favores tão grandes, faz do ser humano um companheiro da casa de Deus, associa quem é igual ao

---

[5] TERTULIANO, *Über das Fasten*. München, 1915. p. 531.

outro igual. Pois, se o Deus eterno, tal como ele atesta através de Isaías, jamais sente fome, então o tempo em que o ser humano se assemelha a Deus será aquele quando ele vive sem alimento.[6]

Tertuliano apresenta o profeta Daniel como outro exemplo que mostra que o jejum nos torna próximos a Deus. Daniel jejua durante três dias para poder interpretar o sonho do rei e, dessa maneira, obtém a graça de conhecer o significado dessa visão. Além disso, no Novo Testamento, Tertuliano toma a viúva Ana como um sinal de que "ninguém pode descobrir Cristo com maior facilidade do que os que jejuam com frequência". O jejum nos faz "partícipes do conhecimento das coisas ocultas".[7]

Portanto, para Tertuliano, e para muitos Padres da Igreja e monges, o jejum possui um significado místico. Aproxima-nos de Deus, permite que o contemplemos com maior clareza e a seus mistérios, e nos facilita uma comunhão duradoura e um relacionamento amigável com Deus.

Filóxeno de Mabbug expôs em suas homilias que o jejum prepara os sentidos para as coisas que estão além deste mundo e para a contemplação de Deus:

---

[6] Ibid., p. 532.
[7] Ibid., pp. 535 e 537.

Bebe água para beber a ciência! Alimenta-te de verduras para tornar-te sábio nos mistérios! Come com medida para amar sem medida. Jejua para ver! [...] Quem come verduras e bebe água colhe visões e revelações celestiais, a ciência do Espírito Santo, a sabedoria divina e a explicação das coisas ocultas. E aquilo que a ciência humana não reconhece, reconhece a alma que vive dessa maneira.[8]

Basta prestar um pouco de atenção para o olhar que se manifesta em uma pessoa que jejua para sentir que Filóxeno não está exagerando. O jejum aguça os sentidos, e a manifestação mais clara disso passa pelos olhos. Eles se tornam mais despertos, mais brilhantes, mais vivos, suscitando um olhar cada vez mais intenso. Uma senhora que sofria de depressão participou de um curso de jejum, e seus olhos deixaram de estar velados e tristes. Começaram a irradiar vitalidade. Foi como se uma cortina tivesse sido tirada de seus olhos. A mulher voltou a ver com clareza, e seus olhos brilhavam.

O ser humano que pratica um jejum que purifique não só o corpo mas também a alma de todos os males – assim continua Filóxeno –

---

[8] FILÓXENO, *Homilias*, citado em: RÉGAMEY, *Wiederentdeckung des Fastens*, pp. 57s. Ali também a citação seguinte.

herda a realeza antes do momento em que será rei. E antes que lhe fosse revelada a glória de sua coroa, manifesta-se a ele, por força própria, sua glória. E ele mesmo se torna a fonte de sua ciência. Pois há quem obterá a realeza algum dia no céu, e há quem já a encontra em si mesmo: "Eis, o Reino de Deus está em vocês" (Lc 17,21).

Portanto, o jejum nos abre os olhos para percebermos que Deus habita em nós e, ao jejuar, já temos parte na realidade futura, no Reino de Deus.

Os monges desdobram essa ideia ainda mais quando descrevem sua vida como *vita angelica*, como vida à maneira dos anjos. O jejum é um caminho para viver no constante relacionamento amigável com Deus, como acontece com os anjos. Por exemplo, Atanásio diz:

> O jejum é a vida dos anjos, a vida que transporta ao reino dos anjos as pessoas que a ela se entregam.[9]

Para os monges, o jejum não é algo negativo: mais do que respirar o aroma do ascetismo severo, ele respira o aroma da felicidade. Faz-nos participar

---

[9] ATANÁSIO, *De virginitate*, citado em RÉGAMEY, *Wiederentdeckung des Fastens*, p. 71.

das alegrias celestiais. Transporta-nos já agora ao paraíso, onde teremos, junto com os anjos, um contato direto com Deus. Percebemos essa ideia na narrativa da tentação de Jesus, cujo final, depois do jejum e das tentações, afirma: "Depois disso, o diabo o deixou, e, eis, anjos aproximaram-se e serviram-no" (Mt 4,11). A tentação se converte em paraíso.

A imagem do retorno ao paraíso e da *vita angelica* é ainda mais desenvolvida na ideia da espiritualização do corpo, proporcionada pelo jejum. Por exemplo, Ambrósio diz que devemos, como Elias, "transformar a natureza do corpo humano por meio da força do jejum incorruptível".[10] O jejum espiritualiza nosso corpo, retira-o do domínio do estômago e torna-o mais livre em relação às necessidades terrestres. Faz-nos adquirir aquele corpo espiritual ao qual Paulo se refere na Carta aos Coríntios (1Cor 15,44) e permite-nos participar, já agora, da ressurreição de Cristo. O jejum conduz os monges ao limiar do céu. Visto a partir desse conceito, o jejum perde o sabor que frequentemente parece amargo, e proporciona-nos o prazer espiritual. Por isso, também pode ser prati-

---

[10] AMBRÓSIO, *De Helia et Jejunio*, citado em: RÉGAMEY, *Wiederentdeckung des Fastens*, p. 71.

cado somente na "alegria do Espírito Santo", como escreve São Bento em sua Regra (cap. 49). E Agostinho diz que somos impelidos a jejuar pela alegria do espírito "que chegou a amar as coisas espirituais, cujas delícias lhe provocam uma espécie de antipatia contra o alimento material".[11] Ao jejuar, o monge já não se apega às coisas terrestres. Ele se desapega de todos os desejos e das ambições meramente materiais e gosta cada vez mais do sabor de Deus. Chega a experimentar a verdade da palavra de Jesus que afirma que o homem vive não somente de pão, mas de toda palavra que sai da boca de Deus. Por isso, para os monges, o jejum é um caminho para uma vida que é inteiramente orientada em direção a Deus, para uma vida que se sabe constantemente na presença de Deus e para um relacionamento amigável com Deus, para a experiência de que o Reino de Deus já está em nós e de que nós, já aqui e agora, participamos da vida nova da ressurreição. Com seu jejum, o monge dá testemunho dessa nova vida da ressurreição. Não se reduz a alguma ilusão piedosa com a qual ele possa se enganar, mas se converte numa realidade que é

---

[11] AGOSTINHO, *De consensu Evangelii*, livro 2, capítulo 27, citado em: RÉGAMEY, *Wiederentdeckung des Fastens*, p. 71.

tão poderosa que encontra no jejum uma expressão corporal. Quem começa a jejuar sente primeiro o caráter quebrantado de sua existência, experimenta o desconforto, a sensação da fome, talvez até dor de cabeça e fraqueza. Mas quando não nos deixamos intimidar por essas experiências podemos, aos poucos, experimentar cada vez mais o lado feliz do jejum: podemos sentir que o jejum nos liberta da dominação pelos desejos, que ele nos torna mais espirituais e mais despertos, que ele nos abre para a realidade de Deus, para a nova vida em Deus que, na ressurreição de Cristo, já começou e está presente para nós.

Também a psicologia do jejum nos ensina que ele nos possibilita o "conhecimento dos mistérios", como diz Tertuliano. O médico especialista em jejum, Dr. Buchinger, descreve os efeitos psicológicos do jejum da seguinte maneira:

> Toda pessoa que jejua percebe que muita coisa muda em sua estrutura psíquica, nos processos de sua psique. Cresce a capacidade receptiva, a fantasia está mais viva, a concentração não diminui, os sentidos se aguçam [...]. Pode-se perceber uma espécie de relaxamento e afrouxamento das tensões na estrutura psíquica, um esclarecimento da situação de vida e uma maior sensibilidade [...].

> Vem à tona o verdadeiro cerne da pessoa; trata-se de voltar a encontrar a si mesmo. Descobre-se o ponto de calma interior, o ponto de equilíbrio[...], quer dizer, o lar e a pátria interior.[12]

No entanto, Dr. Buchinger não esconde os perigos do jejum. No início, a pessoa que jejua experimenta uma inclinação para o lado depressivo, e, em seguida, uma clara inclinação para o lado maníaco. Isso pode facilmente provocar

> superestimações, temeridades, falta de consideração, avidez de poder e, ocasionalmente, uma hipersensibilidade que pode beirar a mediunidade.

Por isso, precisa-se, durante o jejum, de uma direção espiritual à qual, para Dr. Buchinger, pertence também a oração, para que não se abuse do jejum no sentido de megalomanias em relação à autoestima. Jejuar significa viver contra a corrente. Isso pode dar certo quando é praticado a partir de motivos puros. Sem eles, a pessoa apenas se prejudica.

Os monges sabem que também as forças do mal podem incitar para o jejum. No entanto, nesse caso, ele nos conduz invariavelmente à perdição: ficamos

---

[12] BUCHINGER, *Heilfasten*, p. 29. Ali também a citação seguinte.

cegos diante da realidade, diante do próximo, cegos em relação a nossos próprios limites, e acabamos em uma superestima de nós mesmos que frequentemente é descrita como demência.

C. G. Jung, numa interpretação com base na psicologia profunda, entende o jejum como uma porta para o inconsciente. Normalmente, a fome leva a criança a procurar a mãe. O jejum rompe com essa regressão, com essa volta à mãe.

> A exigência de ser alimentado é substituída por um jejum deliberado [...]. Com semelhante atitude, a libido é obrigada a desviar para um símbolo ou um equivalente simbólico da *alma mater*, a saber, para o inconsciente coletivo. Por isso, a solidão e o jejum são um remédio conhecido desde a Antiguidade para apoiar aquela meditação que visa abrir o acesso até o inconsciente.[13]

Em seu livro *Símbolos da transformação*, Jung descreve como o ser humano pode avançar e amadurecer interiormente apenas quando sua libido, sua energia psíquica, não se orienta em uma regressão para a mãe, mas em direção a um símbolo. Para Jung,

---

[13] JUNG, C. G. *Gesammelte Werke* (= *Symbole der Wandlung*). Olten, 1973. v. 5, pp. 427s.

símbolos como, por exemplo, o renascimento, a Mãe Igreja ou a cruz ajudam a

> libertar o ser humano de seu vínculo com a família, o qual não corresponde a um conhecimento superior, mas sim à fraqueza e à falta de controle do sentimento infantil.[14]

Ao jejuar, o ser humano conduz sua libido em direção a um símbolo, para o inconsciente, ou, dito em termos religiosos, para Deus. Dessa maneira, ele a liberta da "dependência e da falta de liberdade que caracterizam a relação com os pais", liberta da compulsão inconsciente sob a qual se encontra um ser humano que permaneceu infantil, "da falta de controle e da dominação pelas afeições". Segundo Jung, a dura escola do jejum e da ascese em geral, da maneira como são representadas no chamado de Cristo para segui-lo assumindo a sua cruz, "conduziu, ao longo dos séculos, para uma evolução da consciência que dificilmente teria sido possível sem esse treino".[15]

---

[14] Ibid., pp. 524s.
[15] Ibid., p. 549.

Na realidade, esse treino não está isento de perigos. O inconsciente, ao qual o ser humano se abre ao jejuar, pode inundar. Podemos perder a orientação, afundar-nos no inconsciente ou identificar-nos, em alguma espécie de soberba, com os conteúdos inconscientes, ou seja, podemos nos apropriar de Deus em prol de nós mesmos. São os mesmos perigos que os Evangelhos descrevem na narrativa da tentação de Jesus: o perigo de alguém abusar de Deus e do poder divino em interesse próprio, em seu próprio favor e em prol de sua reputação entre as pessoas. Por isso seria bom jejuar sempre acompanhado por uma pessoa experimentada ou em grupo, tal como essa prática sempre foi realizada pela Igreja.

Não há grande distância entre a iluminação e o deslumbramento. O jejum pode nos levar a ambos. Os efeitos naturais do jejum, como, por exemplo, o aguçamento dos sentidos, a maior percepção e a sensibilização não devem ser confundidos com a iluminação à qual se refere Filóxeno. Eles podem ajudar a alcançar a iluminação, com a ajuda de Deus. Mas também podem ser procurados por si mesmos ou identificados com a visão de Deus. O jejum nos fará chegar à verdadeira iluminação somente quando nos leva simultaneamente também à impotência. Para os monges, o jejum é sempre o caminho para sua própria impotência e não algo que o ser humano poderia levar a cabo por força própria e pelo qual a própria pessoa poderia produzir os efeitos desejados. O jejum nos empurra até o abismo de nossa fraqueza. E em nosso abismo encontramos o abismo de Deus. O abismo de nossa impotência clama ao abismo de Deus: *abyssus ad abyssum invocat* (Sl 42,8).

Jejuar
hoje

Capítulo 6

Onde é que se jejua hoje? Dificilmente onde mais o esperaríamos, ou seja, nos mosteiros. Lá são enumeradas infinitas razões que pretendem explicar o porquê, hoje em dia, não se pode mais jejuar assim como São Bento o previu em sua Regra, ou assim como São Francisco o praticou. Diz-se que, hoje em dia, seria preciso trabalhar mais do que antigamente, já não disporíamos de uma saúde tão boa como os antigos e, além disso, querendo ou não, muita coisa dependeria do espírito da época.[1] Em contraste, experiências com o jejum existem entre muita gente jovem, tanto cristãos como não-cristãos. Eles jejuam por diferentes motivos, jejuam pela paz, pela vida. O jejum é um meio e um sinal do seu engajamento em prol de seus objetivos. Alguns jejuam para demonstrar a si mesmos que são capazes de se autocontrolar. Outros jejuam por motivos sociais, querem experimentar o

---

[1] Cf. De Vogüé, A. *"Aimer le jeûne"*; une observance possible et nécessaire aujourd'hui. In: Collectanea cisterciensia 45, 1983, pp. 27ss.

conceito da partilha solidária em seu próprio corpo. Privam-se de comida e bebida para ajudar a outras pessoas. Outros ainda jejuam para intensificar sua oração e meditação. E finalmente há muitas pessoas que jejuam em benefício de sua saúde. Comem menos ou fazem tratamentos de jejum para se curarem de doenças contra as quais a medicina tradicional se mostra quase impotente. Por mais gratificante que seja o fato de que o jejum – quase abandonado pela Igreja – tenha conseguido esse novo prestígio, peço licença para fazer algumas observações críticas sobre sua prática hoje em dia, já que, como acontece com cada meio que é bom, também o jejum implica perigos quando se perde a medida sã.

O primeiro perigo parece-me ser certa negação da vida. Não nos sentimos livres de desfrutar de algo porque, em algum lugar do mundo, alguém tem menos de comer do que nós. Vivemos constantemente com uma consciência pesada, perguntando-nos se não conseguiríamos consumir um pouquinho menos. Renunciamos a algo para ajudar aos outros. No entanto, muito frequentemente já não permitimos mais nada a nós mesmos, nem aos outros. Cortamos muitas coisas quase básicas para ajudar a um africano pobre, mas, quando esse africano depois se dá ao luxo de tomar uma cervejinha, ficamos profundamente decepcionados. A renúncia torna-se uma atitude negativa diante da vida que já não deixa espaço para festas e comemorações e que compara constantemente os outros com nossa própria renúncia e, em última análise, já não lhes permite mais nada.

Outro perigo é a negação do corpo. O jejum pode facilmente degenerar em anorexia. Dessa maneira, converte-se em uma doença psíquica de cura difícil. A anorexia nasce da rejeição da própria corporeidade e sexualidade. Rejeita-se seu corpo tal como Deus o criou. No entanto, essa rebelião contra Deus nem sequer é percebida, já que a pessoa justifica seu jejum com outros motivos. Ao fazer isso, volta-se contra Deus. No jejum saudável nunca se trata de rejeitar nossa corporeidade, mas de aceitar nosso corpo. Não devemos massacrar nosso corpo, mas, também ao jejuar, lidar bem com nós mesmos e com nosso corpo. O jejum visa unir corpo e alma, para que os dois não se dividam em brigas. Contudo, para que o corpo possa se tornar transparente para sua verdadeira natureza, é preciso exercitar-se em relação a ele, para ganhar uma liberdade interior. Quem apenas segue seus instintos superficiais não gera bem algum para si mesmo nem para seu corpo. O importante é seguir seus anseios mais profundos, porque eles vislumbram algo da harmonia original entre o corpo e a alma.

Ao lado da anorexia prolifera amplamente, hoje em dia, a bulimia. Come-se sem medida e depois se vomita o que foi ingerido, para não engordar. Ao lado dessa doença psíquica, em cujo caso é sempre recomendável procurar ajuda terapêutica, existem numerosos tipos de transtornos alimentícios. Visto que hoje os alimentos estão sempre disponíveis em quantidade suficiente, há para muitos a tentação de comer além daquilo que lhes faz bem. Uma mulher que sofria de transtornos alimentares sempre castigava seus ocasionais "ataques de voracidade" com jejum. Isso até funcionava por algum tempo, mas seu jejum não acontecia em liberdade e em benevolência consigo mesma, e sim como castigo. E, logo depois do castigo, o corpo pegava de volta para si aquilo que tinha perdido na privação. Vivendo assim, essa senhora estava sempre concentrada e fixada no comer e no jejuar. Esse não é o sentido de um jejum sadio, pois ele visa exatamente libertar-me da mania de girar constantemente em torno da comida.

Frequentemente, o jejum também é vinculado ao medo. Há pessoas que jejuam por medo de comer algo nocivo. Vivem lendo cada vez mais livros sobre a alimentação saudável. A preocupação com uma alimentação sadia é certamente justificada, pois, hoje em dia, há muitas pessoas que morrem de comer porque vivem entupindo-se com qualquer coisa, sem discernimento algum. Em geral ingerimos proteínas animais em excesso (sobretudo em virtude do exagerado consumo de carne) e glicídios (carboidratos isolados escondidos no açúcar industrializado e em doces em geral). Essa alimentação pouco saudável provoca numerosas doenças (gota, reumatismo, infarto cardíaco, diabetes, doenças cardiovasculares etc.). Por outro lado, porém, também não adianta viver apenas fixado na alimentação totalmente pura e saudável, e ver em tudo as possíveis substâncias tóxicas. Esse medo de substâncias prejudiciais, hoje em dia amplamente difundido, pode muito bem ser comparado com o medo dos demônios que existia na Antiguidade, e descobrem-se paralelos surpreendentes. Para o homem antigo, numerosos alimentos estavam possuídos por demônios e, por isso, deveriam ser evitados. Hoje, as pessoas se expressam de modo científico. Sem dúvida, a ciência nos beneficiou com numerosos conhecimentos valiosos sobre uma alimentação boa e saudável que devem ser considerados. No entanto, a grande diversidade de teorias científicas disponíveis suscita hoje efeitos parecidos aos da Antiguidade: naquela época, quase não existia alimento que não fosse considerado, por alguma escola, como contaminado pelo mal. Hoje em dia quase não existe nada que não seja identificado, cientificamente, como prejudicial à saúde. Em ambos os casos, o medo é frequentemente maior do que aquilo que a realidade sugere. Quanto maior meu medo diante de um alimento, tanto mais ele me prejudicará; pois, como dizem os antigos monges, as forças do mal atacam antes por meio de nossos pensamentos – ou seja, eles se aproveitam quando ficamos temerosamente cismando – do que por meio dos próprios alimentos. E, quanto maior o medo que me leva a tentar garantir alimentos puros, tanto mais doente vou ficar. Em toda a sua história, a Igreja voltou-se contra uma separação demasiadamente rígida entre alimentos puros e impuros. Insistiu em uma prática saudável, mas nunca fez dela uma ideologia. Por exemplo, a dieta vegetariana era a norma para os monges, mas a um doente permitiam também comer carne e ovos. Dessa maneira, jamais fizeram de seu vegetarianismo uma ideologia. A Igreja sempre fez questão de afirmar que todos os alimentos foram criados por Deus e que, por isso, são bons. Contudo, ao mesmo tempo, ela conhecia os efeitos que certos alimentos têm sobre o corpo e o espírito dos seres humanos. E esse conhecimento reflete-se em sua prática do jejum. No entanto, a Igreja sempre se negou a considerar determinados alimentos como não permitidos ou como demoníacos.

Somente quem jejua sem medo pratica um jejum saudável e bom. Quem jejua somente por medo de que poderia eventualmente comer algo prejudicial não tira proveito do jejum, porque ele se torna uma mania. E, nessa situação, nem sequer os alimentos mais bem escolhidos, puros e livres de substâncias tóxicas servem para o bem da pessoa. Em um corpo saudável existem sempre anticorpos suficientes para lutar contra toxinas eventualmente contidas nos alimentos. Mas aquele que, de tanto medo das substâncias tóxicas, quer comer somente alimentos puros, vai se tornar, justamente por causa de seu medo, propenso à ação das toxinas que ingerirá a despeito de todo o cuidado. O decisivo é sempre a medida saudável. Devemos a nós mesmos uma relação mais consciente com a comida. No entanto, quem gasta energia excessiva na seleção de seus alimentos perde o seu equilíbrio. Pensamentos saudáveis e piedosos contribuiriam muito mais com sua saúde do que as preocupações angustiadas e o constante girar em torno de si mesmo.

Exageros e mal-entendidos encontram-se em cada movimento; no movimento do jejum não pode ser diferente. No entanto, isso não deveria nos afastar de um jejum prudente e razoável. Nesse jejum podemos acolher as experiências da tradição eclesiástica e perguntar por formas contemporâneas de sua realização.

Poderíamos pensar primeiro nos tradicionais quarenta dias da Quaresma. Não deveríamos descaracterizar esse tempo, ao simplesmente recolher dinheiro para fins beneficentes ou ao assumir uma abstenção do consumo televisivo. A Quaresma significa um jejum verdadeiro, um jejum de corpo e alma. Pertence a esse jejum certamente a conversão espiritual; justamente, porém, não uma simples conversão na cabeça e na vontade mas também no corpo. A Igreja antiga nesse tempo se abstinha completamente do consumo de carne e vinho. Isso é algo que também poderia fazer bem a nós, hoje em dia. Um período mais extenso de renúncia ao consumo de carne desintoxicaria nosso corpo. E, pelo menos no hemisfério norte, a época (após o frio do inverno) seria ideal para desfazer os depósitos acumulados de gordura. Provavelmente não aguentaríamos ao longo de quarenta dias, como o fez a Igreja antiga, tomar a primeira refeição apenas após as três horas da tarde. Mas poderíamos pelo menos fazer das sextas-feiras da Quaresma dias de jejum completo. Quem acha que isso é demais pode se contentar com um café da manhã (um "desjejum") simples ou comer apenas alguma fruta. A esse respeito, as experiências são diferentes de pessoa para pessoa. Algumas se dão bem quando tomam somente chás ou sucos, outras precisam durante as manhãs de algo mais sólido para não sentir dor de cabeça. Cada pessoa precisa experimentar pessoalmente o que lhe faz bem. Apenas não deveria deixar-se levar precipitadamente pelo preconceito geral que diz: só trabalha bem quem come bem. É efetivamente possível trabalhar bem, e muito, enquanto se observa um jejum de um ou dois dias.

Outro reavivamento poderia acontecer na Semana Santa, enquanto preparação para a Páscoa. Quem estiver em condições de fazê-lo deveria jejuar completamente durante toda a semana. No entanto, nesse caso, seria bom jejuar junto com outras pessoas, pois é difícil jejuar sozinho, ao longo de uma semana inteira, no próprio ambiente habitual. O jejum comunitário deveria estar vinculado, tal como acontecia na Igreja antiga, com tempos comunitários de oração. Poderia haver cada dia algum encontro para a oração, pois, desse modo, o jejum perderia o caráter de um desempenho que a pessoa cobra de si mesma. Estaria orientado para a oração e abriria a comunidade para Deus. Quem não consegue jejuar durante a semana toda poderia fazê-lo nos três dias sagrados da Quinta-Feira Santa, Sexta-Feira Santa e no Sábado de Aleluia. Esses dias estão tão repletos de liturgia que neles não é muito difícil jejuar. O jejum aprofundaria a participação na celebração da liturgia e ajudaria a abrir-nos totalmente para o mistério de nossa salvação na cruz e ressurreição de Cristo.

Quando o jejum é vinculado às épocas recomendadas pela Igreja, evitamos o perigo de jejuar somente por motivos externos, por exemplo, por motivos de saúde ou pela ambição de demonstrar a nós mesmos que somos capazes de fazê-lo. Evitamos girar em torno do jejum e, de antemão, relacionamo-nos com Deus. Assim, o jejum nos prepara para a festa na qual Deus quer operar algo em nós e na qual sua redenção quer nos alcançar. E estamos unidos à comunhão dos fiéis. Estamos amparados pela comunidade que procura se abrir coletivamente para o Espírito de Deus. Dessa maneira, o jejum perde seu caráter elitista.

Ao lado do jejum tradicional nas semanas antes da Páscoa faria também sentido restabelecer o jejum como preparação para outras festas importantes, como Pentecostes, Natal, uma ordenação sacerdotal ou outras festas dessa espécie. Mas, acima de tudo, o jejum comunitário seria uma boa maneira de preparar-se para celebrações importantes da Igreja local, por exemplo, para a festa do padroeiro, uma Jornada Católica ou uma visita do Papa. O jejum abriria os fiéis mais para o Espírito de Deus do que uma enxurrada de papel impresso. E uniria os cristãos mais estreitamente do que o recebimento do folheto de publicidade. Do mesmo modo como os militantes do movimento pacifista se sabem unidos no jejum comunitário pela paz, assim também o jejum nas grandes intenções de nosso tempo poderia se tornar um sinal da fé de que nós, enquanto cristãos, ainda temos uma esperança em relação a nosso mundo, de que cremos nas soluções que Deus preparou para nosso mundo, em suas promessas que se dirigem a todos nós. Com o jejum comunitário, os cristãos poderiam construir pontes sobre muitos abismos, os abismos entre as denominações e os abismos entre os partidos políticos que brigam entre si. Ao jejuar, a Igreja não se apresentaria mais como a mestra magisterial que já sabe tudo, mas ela se solidarizaria, como Igreja peregrina, com todos os homens de boa vontade e procuraria junto com eles aquilo que nos faz bem, aquilo que Deus quer de nós.

Um jejum comunitário seria também um caminho viável para uma comunidade monástica ou comunidade paroquial quando surgem problemas que não podem ser resolvidos somente com um pouco de boa vontade, por exemplo, alguma tensão entre os grupos, posições endurecidas que não são fáceis de superar. Um jejum de toda a comunidade poderia purificar a atmosfera. No jejum, a comunidade confessa sua impotência de solucionar seus problemas sozinha. Nesse jejum, ela apela a Deus, como um todo, para que ele abra as fronteiras pela força de seu Espírito. Um jejum certamente seria muitas vezes uma súplica mais sincera do que as preces pálidas que se recitam em nossas celebrações. Ao jejuar, as pessoas mostram que elas mesmas levam a sério suas preces.

Além de realizar dias comunitários de jejum, também seria bom reavivar o jejum novamente como uma forma de ascese pessoal. Aqui é preciso ressaltar desde já a atitude positiva que fundamenta todo jejum. O jejum não deve ser entendido como uma forma de autocastigo, e a fé não deve adquirir um caráter sinistro e de negação da vida. Cristo nos exorta a ungir nossa cabeça quando jejuamos. Quem jejua fazendo cara feia e fechada vê sua vitalidade corroída pelo jejum que o torna duro e hostil. A atitude fundamental positiva é o pressuposto necessário para que o jejum nos faça bem: precisamos tratar bem a nós mesmos. Então o jejum nos abrirá também para Deus, fará com que vivamos mais lúcidos e conscientes na presença de Deus e mais honestos com nós mesmos. Ele pode nos libertar das múltiplas compulsões às quais estamos submetidos inconscientemente, das numerosas camadas que colocamos em torno de nosso cerne verdadeiro, do entulho debaixo do qual frequentemente nem sequer podemos respirar com liberdade.

Quem se decide pelo jejum por essas razões se verá logo confrontado com várias dificuldades. Estabelece propósitos e, constantemente, chega a seus limites. Não consegue realizar o que quis e fica decepcionado consigo mesmo. A frustração vai roendo a pessoa e consome por completo os efeitos positivos do jejum. Aqui é importante assumir o jejum com a atitude correta: o jejum não deve se tornar um tabu que não pode ser interrompido sob nenhuma circunstância. Ao contrário, é um treino com o qual a pessoa vai exercitando sua liberdade. Ao longo desse treino preciso testar minhas possibilidades, preciso ser capaz de acrescentar e de diminuir. Preciso adaptá-lo bem a mim mesmo e a minhas condições, e encontrar aos poucos o programa que dá certo para mim. Nessa situação experimental não devo me comprometer com propósitos demasiadamente grandes, pois, se não conseguir cumpri-los, eu ficaria apenas muito frustrado e cheio de autoacusações, achando que não consigo fazer nada e que, no fundo, não presto para nada. Tais autoacusações são infrutíferas. Preciso enfrentar o jejum em liberdade espiritual. Posso testar-me, fazer experiências, aumentar lentamente os limites, sem ficar decepcionado quando algo não funciona assim como imaginei. Não devo massacrar a mim mesmo, mas devo escutar o meu corpo e minhas necessidades. O que é que realmente me faz bem? Será que, ao jejuar, quero apenas satisfazer minhas ambições, mostrar que consigo fazer as coisas tão bem como fulano ou sicrano? Ou é o objetivo que importa? Pois um objetivo é sempre também o conhecimento dos próprios limites e limitações com os quais preciso me reconciliar. Posso me libertar paulatinamente de minhas dependências somente depois de aceitá-las no mais profundo de meu coração e depois de me reconciliar com elas. Posso mudar somente aquilo que primeiro aceito. Um dos grandes erros em relação aos bons propósitos é querer alcançar uma meta sem querer aceitar seu próprio ponto de partida. Muita gente não quer começar a partir do ponto onde está, mas quer chegar à meta o mais rápido possível.

Contudo, mesmo quando eu me trato bem, o que faço com a experiência do fracasso, o que faço quando, outra vez, não dou conta? O fracasso é sempre também uma oportunidade de descobrir algo mais sobre mim mesmo. E, acima de tudo, pode me tornar um pouco mais benévolo para com os outros, porque já não os julgarei com tanta rigidez. Sempre que percebo que estou observando outras pessoas para ver quanto comem, sempre que sinto a tentação de, às escondidas, julgá-las depreciativamente, então meu jejum está me levando a um caminho errado. Então eu deveria estar agradecido quando não sou bem-sucedido, quando sinto que simplesmente não consigo cumprir meus propósitos, que o impulso de comer é mais forte. O que importa não são os sucessos exteriores, e sim minha atitude: se o jejum me torna mais sensível, mais bondoso e mais compassivo. Não devo passar por cima de minhas necessidades elementares, mas aprender a lidar com elas de modo mais acertado e mais bondoso. Não se trata de me tornar independente da comida e da bebida, mas de comer e beber com um respeito maior. Não devemos devorar a comida de qualquer jeito e tampouco considerá-la uma mera concessão à nossa natureza, mas devemos ser capazes de realmente saboreá-la, de alegrar-nos com os dons de Deus. Isso nos conduzirá, com o tempo, a comer mais conscientemente e mais devagar. Quanto mais conscientemente tomo meus alimentos, tanto menos correrei o risco de comer além do limite daquilo que me faz bem. Cada pessoa sente, de uma forma ou de outra, onde estão seus limites. Não se trata de limites exteriores que nós mesmos pudéssemos estabelecer arbitrariamente. Nosso próprio corpo sabe o que lhe faz bem, e bastaria simplesmente escutá-lo mais. No entanto, para eu poder escutar meu corpo, precisaria haver em torno de mim um ambiente de silêncio. Nesse ambiente posso então descobrir meu corpo como o parceiro mais importante em meu caminho espiritual. Quando eu me relacionar bem com meu corpo, nem indulgente demais, nem severamente demais, e sim com bondade, ele se tornará no jejum cada vez mais sensível, mais transparente. Então eu mesmo me tornarei mais sensível e mais lúcido diante das outras pessoas, mais sensível para o Espírito de Deus.

Outro problema que pode surgir ao jejuar são os pensamentos: chateação, mau humor, irritabilidade, falta de vontade, desejos e necessidades. Como devemos lidar com eles? Em primeiro lugar, não devemos reprimi-los. Debaixo da superfície aflora simplesmente aquilo que está em meu interior; preciso me reconciliar com isso. Devo analisar esses pensamentos para perceber o que dizem sobre mim. Quem sou, verdadeiramente? Quais são meus desejos e anseios mais profundos? Onde está minha ferida mais profunda? Onde estou frustrado e insatisfeito? O que me faz perder o equilíbrio? Se vou com essas perguntas ao encontro dos pensamentos e das moções que afloram em mim durante o jejum, então ele se tornará uma boa chance para eu me conhecer melhor e para me sintonizar um pouco mais comigo mesmo. Posso me tornar pleno apenas quando aceito tudo que há em meu interior. O jejum me faz perceber muitas coisas que eu não poderia perceber por simples reflexão. O jejum torna a estrutura da alma menos rígida. Projeta uma luz sobre meu interior e traz à tona todos aqueles pensamentos que, de outro modo, permaneceriam ocultos em muitos esconderijos.

No entanto, também aqui precisamos observar a medida certa. Não devemos levantar poeira demais em nosso inconsciente, não devemos pretender detectar tudo; de outro modo, perderíamos a orientação no meio de tanta poeira levantada. Há muito que tranquilamente pode ficar inconsciente; de outro modo, apenas geraria perturbação. Por isso seria melhor assumir um jejum intensivo somente em companhia de outros: sob a direção de um médico ou de um padre com experiência nessa área, ou em comunhão com outras pessoas que jejuam. A comunidade nos ajuda a não abandonar o jejum cedo demais, e a pessoa sente-se confrontada consigo mesma, mas não abandonada. A comunidade é também um bom corretivo para que ninguém exagere o jejum e, dessa maneira, faça algum mal a si mesmo. É importante ter companhia sobretudo em um jejum de vários dias, visto que, nesse caso, o inconsciente é tocado de tal forma que precisará ser apoiado por outras pessoas. Por isso, um jejum total de vários dias não deveria ser realizado durante o processo normal de trabalho. Aqui, a tradição da Igreja, de empregar o jejum mais demorado somente como preparação para uma festa, indica-nos um bom caminho. Por exemplo, nos últimos dias antes da Páscoa é mais fácil afastar-se do trabalho. Outra possibilidade seria um retiro durante o qual a pessoa afasta-se por alguns dias do ritmo normal. Exercícios espirituais e dias de retiro intensificam-se por meio do jejum.

Quando jejuamos durante a Quaresma ou às sextas-feiras, economizamos o tempo dedicado às refeições. A questão é: o que fazer com esse tempo extra. Certamente não faz sentido usar o tempo do jejum para dormir mais. Para os monges, o jejum e a vigília eram uma unidade. Assim, o tempo disponibilizado pelo jejum deveria ser aproveitado para a oração ou a meditação, em vez de ser preenchido com trabalho. Tenho mais facilidade de renunciar a uma refeição para escutar uma confissão do que aguentar esse tempo, durante o qual os outros estão comendo, conscientemente diante de Deus, sem ler nem escrever. Mas este seria o objetivo: sentar-se diante de Deus com o estômago vazio e oferecer-se a ele. Desse modo, eu sentiria o jejum e vislumbraria talvez como estou realmente me relacionando com Deus, se realmente estou disposto a entregar-me por completo a ele e a deixar-me ocupar somente por ele.

Em algumas pessoas provocarei agressões quando percebem que estou jejuando. Para muitas, isso é desconcertante e confronta-as com seus lados sombrios que projetarão sobre mim. No entanto, não devo descartar suas agressões facilmente, como se fossem somente um problema delas. Preciso verificar por que se irritam com meu jejum. Talvez estejam sentindo que se esconde por trás dele um quê de consciência elitista, que estou me elevando sobre elas e as desqualifico interiormente. O efeito que meu jejum produz em outras pessoas sempre me diz algo sobre mim mesmo e sobre minhas próprias motivações. Se o jejum dividir uma comunidade em campos inimigos, significa que há algo errado com ele. Talvez a exigência de Jesus de não deixar que os outros percebam nosso jejum tenha seu motivo também nesse fato de que o jejum pode provocar na outra pessoa uma projeção de suas sombras. O jejum deve nos tornar mais bondosos e mais compassivos. Por isso, deve acontecer às escondidas, deve mudar a atmosfera e não se transformar em uma acusação contra os outros. Quando percebo que meu jejum suscita medo nos outros, devo me perguntar se não é melhor interrompê-lo ou ocultá-lo. Muitas vezes também é melhor impor-se uma disciplina moderada na comida do que jejuar em ações espetaculares. Os antigos dizem que não devemos fazer muito barulho com nossa ascese, senão os demônios escutam-na e aniquilam-na. Nossa ascese deve nos regenerar; ela não deve se tornar visível como ascese propriamente dita, mas somente em seu efeito positivo. Quando minha obra está visível, mas não suscita efeitos, a única coisa que consigo é desacreditá-la e provocar nas outras pessoas muitas agressões contra qualquer ascese.

Proposta para
uma semana de jejum

Capítulo 7

Desde que este livro foi publicado, ofereci anualmente dois cursos de jejum. Sempre foram também cursos de silêncio, pois, para mim, é importante que não giremos em torno do jejum, mas que o jejum se torne um caminho para entrar em um contato mais intensivo com nosso corpo e nossa alma, e para tornar-se aberto a Deus. Em muitas paróquias realizam-se na Quaresma cursos de jejum, e é surpreendente que também nesses ambientes participem muitas pessoas que geralmente aparecem muito pouco na igreja. Por isso, eu gostaria de fazer algumas propostas para uma semana de jejum.

Em primeiro lugar, devem-se observar algumas condições exteriores. Há algumas regras simples que devem ser observadas para poder jejuar bem. Em primeiro lugar é preciso estar em condições de fazê-lo; algumas pessoas precisam de orientação médica. O jejum inicia com um dia de dieta à base de frutas. Nesse dia limitamo-nos a comer muitas frutas e a beber bastante líquido. Essa é uma boa preparação para o jejum. Depois vem o dia do descarregamento, da limpeza do intestino.

Depois disso jejua-se durante cinco dias completos. É importante beber muito durante esses dias, ao menos três litros de líquidos por dia: chás, água e, uma vez por dia, algum suco de frutas e um caldo de verduras. É claro que há também outras formas de jejuar, acerca das quais você pode se informar em bons livros sobre o jejum. Se você sentir dor de cabeça durante o primeiro ou o segundo dia, é bom beber mais; normalmente, isso faz a dor de cabeça passar. Ao jejuar, você vai sentir mais frio; por isso é importante agasalhar-se. Sendo que o jejum cria odores corporais, é também recomendável tomar vários banhos e escovar os dentes regularmente. Depois dos cinco dias de jejum começa o período do "desjejum". O "quebrar do jejum" é tão importante como o próprio jejum. Podemos começar comendo uma maçã ou um pedaço de pão seco, que podem ser mastigados bem lentamente. Durante os primeiros dias não se deve comer carne, sob hipótese alguma. Além disso, deve-se comer pouco durante os primeiros dois dias, para que o corpo, lentamente, volte a acostumar-se à comida. É recomendável comer verduras, legumes, pão, batatas, iogurte e frutas. Cada pessoa vai criando seu próprio método, aquele que lhe faz bem.

Sempre sintonizo meus cursos de jejum com algum tema que lhe confere um conteúdo. Temas apropriados seriam, por exemplo, a saída do Egito, a história de Elias, o êxodo de Abraão, ou seja: "Estar a caminho". Aqui apresentarei apenas o tema da saída do Egito. A cada manhã ofereço uma pequena exposição sobre o tema do dia e faço algumas perguntas para o trabalho individual. Como sugestão para tais semanas de jejum, segue aqui uma estrutura do tema e das perguntas para cinco dias.

1º dia
Saída do Egito

1) Ao jejuar, saímos do Egito, a terra da dependência, na qual as panelas de carne estão cheias, na qual estamos aparentemente vivendo bem, mas na qual vendemos nossa liberdade a outros. Quais são, para mim, as coisas das quais não consigo me desprender, embora eu não me sinta bem com elas? De quem eu me tornei dependente? A quem ou a que quero sempre voltar? O que é que não me permite sair, o que é que me impede de pôr-me a caminho para a liberdade? De quantas coisas preciso para ficar de bom humor? Quais são meus meios de autoconsolação? O que é que afloraria em mim, se eu abrisse mão deles?

2) Quem são meus capatazes que me obrigam aos desempenhos mais extremos? O que me oprime? A quem preciso me subjugar para poder viver, para tornar-me aceito por todos? Onde estou vendendo minha liberdade, minha verdade, minha autenticidade, somente para evitar conflitos com meus capatazes? Eles são capatazes exteriores, pessoas que me sobrecarregam com suas expecta-

tivas? Ou são capatazes interiores, como o perfeccionismo, o desejo de ser aceito, a incapacidade de dizer não?

2º dia
Passagem pelo Mar Vermelho

A saída do Egito passa primeiro pelo Mar Vermelho e pelo deserto. Ali emerge muito daquilo que, no Egito, estava reprimido:

1) O medo do novo, o medo da liberdade, o medo do inconsciente. Onde é que me falta o chão firme debaixo de meus pés? Onde é que tenho medo de minha própria liberdade, da ousadia de seguir meu próprio caminho? Qual é minha relação com meu inconsciente? Será que também aqui tenho medo de que possa emergir algo que questione minha autoimagem e que me desconcerte?

2) A rebelião contra Deus porque ele nos dá pouca comida e bebida, porque ele nos conduz para o deserto onde não podemos nos esquivar da nossa própria verdade. Onde eu costumo me esquivar da minha verdade? Onde procuro a culpa, a pessoa culpada, quando não estou bem? Onde não consigo perdoar a Deus, que exige de mim tal tipo de vida? Onde estou me rebelando contra Deus, contra o destino, contra as pessoas com as

quais tenho que conviver, com as quais estou a caminho, de maneira semelhante como fez Moisés com o povo rebelde?

3) Os murmúrios, as queixas, a insatisfação com tudo. Os israelitas reclamam como crianças que não se contentam com nada. Em vez de enfrentar o deserto, concentram-se nas reclamações. Será que reconheço isso em mim mesmo, que eu me queixo de tudo, que não fico contente com nada? Será que estou reclamando em vez de procurar soluções? Onde fico atolado nas lamentações?

3º dia
Encontro com as águas amargas

1) No caminho para a liberdade e para a vida verdadeira, encontramo-nos com a nossa própria amargura e rigidez, com sentimentos envenenados e com endurecimentos interiores que se manifestam às vezes também no corpo. Moisés se dirige a Deus e consegue tornar doce a água amarga (cf. Ex 15,22-25). Quais as experiências que me tornaram amargo? Conheço dentro de mim o sentimento da amargura? Tente oferecer a Deus, em uma oração, a amargura que há em você, para que, dentro de você, um novo sabor doce permeie seu corpo e sua alma.

2) Pouco depois, o povo volta a ter sede e murmura contra Deus e contra Moisés. Moisés bate com sua vara numa rocha, e dela jorra água (cf. Ex 17,1-7). A rocha é uma metáfora daquilo que, dentro de nós, está endurecido. Onde se manifesta em você rigidez e endurecimento? Onde há algo petrificado dentro de você? Onde você endureceu? Onde você reage com dureza diante das outras pessoas? Onde você trata a si mesmo com severidade e falta

de compaixão? Imagine que Deus faz jorrar do endurecido e petrificado uma fonte de água viva. Como você se sente quando a vida volta a fluir dentro de você?

4º dia
Encontro com os amalecitas: intercessão

1) O povo é ameaçado pelos amalecitas (cf. Ex 17,8-16). Quando tomamos o caminho para a liberdade, aparecem logo pessoas que, com suas expectativas, procuram fazer-nos voltar aos papéis antigos, pessoas que não nos deixam viver. Ou são vozes de nosso próprio *superego* que bloqueiam nosso caminho e que nos impedem de ser aquelas pessoas que podemos ser diante de Deus. Quais os inimigos que se opõem a seu caminho? Quais inimigos aparecem logo que você se dirige a Deus e quer seguir um caminho espiritual?

2) Moisés reza por seu povo. Enquanto ele mantém suas mãos elevadas e reza, Israel vence. Enquanto ele se dirige a Deus, os inimigos não têm chance. Tente hoje rezar intensivamente e imaginar que seus inimigos, tanto os exteriores como os interiores, não têm chance alguma de derrotar você.

3) Moisés reza em lugar de seu povo. Da mesma maneira, você poderia rezar hoje em lugar de outras pessoas, pelas pessoas que estão ameaçadas exterior e interiormente. De quem você se lembra

espontaneamente, para dedicar-lhe hoje seu jejum e sua oração? Onde, perto de você, há algum conflito não resolvido, acerca do qual você gostaria de rezar e jejuar hoje? Tente hoje, ao sentir o peso do jejum, pensar conscientemente em uma pessoa concreta, levá-la, por assim dizer, consigo e rezar por ela com todo o seu corpo. Tenha confiança de que seu jejum e sua oração envolvem essa pessoa como um manto protetor, como uma manta quente debaixo da qual essa pessoa pode se sentir abrigada e protegida.

5º dia
Transfiguração de Moisés na montanha

1) Moisés permanece quarenta dias na Montanha de Deus, no Horeb. Depois de ter jejuado durante quarenta dias na montanha, a face de seu rosto irradia luz (cf. Ex 34,29). Onde é que se ilumina algo para mim, por meio do jejum? Onde algo se torna mais claro para mim? Onde é que vejo, que sinto algo com maior clareza?

2) Transfiguração significa que eu me torno transparente para a glória de Deus. Como me sinto, ao jejuar? Vislumbro algo dessa transparência? Ou sinto-me apenas cansado e vazio, tal como o povo de Israel ao pé da montanha? Tente perceber seus sentidos intensivamente: sua visão e sua audição, seu olfato e seu paladar, seu tato. Procure sentir com sua pele o sol, o vento, o frio e o calor. Que sensação você tem quando está totalmente presente em seus sentidos e quando caminha atentamente pela natureza? Você vislumbra, então, que está tocando, com seus sentidos, o verdadeiro ser, a essência, o próprio Deus?

3) Tente chegar até aquele lugar em seu interior no qual reina o silêncio total, no qual o próprio Deus mora dentro de você, com sua luz e com seu amor. Tente imaginar que esse lugar também está livre de preocupações, planos, pensamentos e problemas, livre de autocondenações e de capatazes interiores. Imagine que tampouco as pessoas com suas expectativas e seus julgamentos têm acesso a esse lugar. É o espaço em seu interior onde Deus, enquanto mistério, mora em você. E, se o mistério mora em você, você pode sentir-se em casa dentro de si mesmo.

Essas sugestões se destinam aos cinco dias de jejum completo. No primeiro dia é bom dar orientações concretas para o jejum, mas não somente para o jejum físico. O jejum espiritual também faz parte, quer dizer: abster-se de assistir à TV, abrir-se conscientemente ao silêncio, renunciar à agitação e correrias. O próprio jejum nos obriga a andar mais devagar, a reagir mais lentamente. E o jejum pretende nos exercitar na renúncia a juízos precipitados, a fofocas sobre outras pessoas. O último dia deve nos levar de volta para a vida cotidiana. Nele é novamente importante dar algumas instruções concretas para a quebra do jejum, mas, acima de tudo, instruções para a alimentação adequada nos dias seguintes. E seria importante refletir sobre como posso integrar na minha vida cotidiana as experiências que fiz durante a semana de jejum. O jejum modificou minhas normas orientadoras. Seria bom viver sua vida a partir de agora com outras normas orientadoras, com outros acentos e, mesmo em pleno cotidiano, estar em contato consigo mesmo e com Deus, o fundamento de nossa vida.

Jejum,
um encontro com Deus

Conclusão

O jejum não tem nenhuma finalidade em si mesmo. Junto ao redescobrimento dessa prática, enterrada durante tanto tempo, houve ocasionalmente tendências de considerá-la absoluta. No entanto, o jejum é um meio comprovado de ascese espiritual que, juntamente com a prática da oração e da caridade, pode nos conduzir à atitude correta diante de Deus e dos seres humanos. Decisivo para a compreensão correta do jejum é que ele não seja considerado isoladamente mas que seja sobretudo vinculado à oração. Jejuar é rezar de corpo e alma. O jejum mostra que nossa devoção tem que se tornar corpórea, tem que se fazer carne, do mesmo modo que a Palavra de Deus se fez carne em Jesus Cristo. A oração se faz carne, atinge também nosso corpo, quando ela se expressa por meio do jejum. Assim nosso relacionamento com Deus já não acontece apenas em nossa cabeça; assim deixamos de dizer a Deus meras palavras devotas e confessamos, com nosso corpo, nosso anseio de encontrá-lo, confessamos que estamos vazios sem ele, que dependemos de sua graça, que vivemos de seu amor e que nossa fome, em última análise, não pode ser satisfeita com alimentos deste mundo, mas somente pelo próprio Deus, por cada palavra que sai de sua boca (cf. Mt 4,4). Dessa maneira, realizamos no jejum nossa existência enquanto criaturas que, criadas pela mão de Deus, encontram seu destino somente em Deus, que não se detêm com as dádivas, mas que buscam o próprio doador como meta de seus anseios. No jejum, estendemo-nos de corpo e alma para Deus, adoramo-lo de corpo e alma. O jejum é o grito do corpo por Deus, um grito a partir das profundidades, a partir do abismo no qual nós expomos nossa impotência, nossa vulnerabilidade e nossa insatisfação mais profundas, para nos deixar cair inteiramente no abismo de Deus.